江戸の金本位制と水野家の幕閣たち

水野忠尚

東京図書出版

はじめに

この本は、江戸時代における金本位制の話です。徳川家康によって天下統一がなされた当初、その体制は、全国的に通用する「米」を基盤とするものでした。戦国時代までは、全国といっても近畿を中心とするもので、東北や九州などは、形式上はいざ知らず、十分に体制化したとは言えないものでした。そして通貨の世界でも、決済手段として銭は部分的には通用するものの、中国からの輸入銭「永楽通宝」、「洪武通宝」や私銭など必ずしも統一的に備わったものはなく、どうやら全国的に共通で、品質もそれほど大きな差がないものは、「米」でした。従って「米」は、農産物であるとともに、交換決済の手段であり、広く受け入れられた物でした。大名の領地は「米」の石高で表され、年貢という財政の中心である一方で、また軍役の算定基礎ともなりました。経済活動も安全保障も「米」が基盤となりました。

しかし戦の無い平和な世の中が続くなかで、人口もほぼ二千五百万人を超えるまで増加して横這う一方、コメの生産はそれ以上に進みました。やがて関連商品や衣類等に対して需要の多様化が続き、農村にまで貨幣が普及するとともに、商業の時代が展開します。戦の無い世の中では、武闘派の侍は出番がなく、官僚としての侍の時代が展開します。

次第に多様化する経済に対して、通貨の面では、幕府は、その原資となる、それまで貯えてあった金銀を使い果たし、鉱山からの産出量も低減してゆきます。増産された米の生産に対して通貨は、それに見合うほど十分に供給されず、結果的にコメの値段は低下せざるを得ませんでした。米が収入の全てである大名・武士は、次第に借金生活に追いやられ、富豪、富農、商人を中心とする世界へ世の中は変わっていきます。そこで幕府は、貨幣の金銀の含有率を引き下げて、通貨の供給を増やすことにします。ところが大坂をはじめ関西・西国は、取引を銀貨で、しかも目方で商いました。江戸を中心に関東・東国は、目方ではなく額面で取引される金貨（小判等）でおこなうので、使い方を含めて通貨は二つの世界に分かれてしまいます。銭は両方の世界で日常の小口取引用に補助通貨として機能しましたが、金貨・銀貨間では、絶えず両替の負担が生まれ、新通貨の発行の都度、そして作物の出来・不出来、商品の人気・不人気などにより、また場所により交換率は変動します。そこで田沼時代に勘定奉行川井久敬などの献策を受けて、水野忠友に始まる三代にわたる水野家一族の勝手掛老中が、世の中を刺激しないように、目立たないように二つに分かれていた通貨の世界を、実質一つに、小判を基準とする金本位制に誘導し、新しい通貨体系を築き上げます。この試みは、当時の最先端のイギリスよりも三十年以上も早く、本格的に使われ出したのは、イギリスとほぼ同じ時期の一八一〇年代であり、世界に先駆けて金本位制にたどり着きました。

日本は金本位制になりましたが、それから更に半世紀経っても、欧米では依然として金銀複本位制が主流でした。日本の開国、通商条約の締結に絡んでもう一つ波乱が起きてしまいます。強引な米国のハリスが中心になり、欧米の列強によって、せっかく補助貨幣となっていた日本の銀貨は否定されてしまいます。多大な犠牲を払い、何とか明治維新にたどり着いた日本の通貨制度について私見をまとめてみました。ご関心を持って頂ければ幸いです。

江戸の金本位制と水野家の幕閣たち◇目次

第一章　米本位制の世界

第一節　徳川幕府の基盤　米本位制

戦国時代には、全国的に通用する通貨はなかった。その当時、一般的に流通していた通貨、すなわち「銭」は、北宋銭をはじめ、明銭の洪武通宝や永楽通宝など渡来銭（輸入銭）が多く含まれていて、まちまちであった。加えて、絹や米も決済手段、つまり通貨として使われており、不統一であった。従って、統一性を持って全国的に使われるものはまだなかった。また大陸で既に用いられていた銀貨は、いまだ使われていなかった。実体的に中央政権により全国統一されていない当時の日本の貨幣制度は、不完全なものであった。そこで質的にばらつきが少なく、幅広く受け入れられていたのが、「米」であった。

織田信長の時代になると、米を通貨として（決済手段として）使うことを禁じ、ようやく生産された米を主な年貢とする石高制へ本格的に舵が切られた。そして徳川幕府が成立すると、幕府は、土地の支配権を持つ各地の領国大名に対し、軍事力を背景に米生産を租税の中心となし、同時に経済空間も形式的には米を基準に統一化された。ただし、一定の条件の下で、大名の領地には自治権が認められていた。連邦的であった所以である。歴史家大石慎三郎に従えば、幕府が中央政権として手にしていたのは軍事・通貨発行権・対外外交権を主とするものであった。

軍事に関して言えば、米の生産を基盤として、生産された米の石高に基づいて、武士・武具の定数が決められ、軍制が定められた。それは徳川秀忠から家光の時代にかけてであった。慶長十年（一六〇五年）の軍役規定から慶安二年（一六四九年）にかけてであった。

また併行して武家諸法度により参勤交代の制度化など、江戸を中心に、幕府の政治空間（軍事空間）は、いわば連邦制的中央集権国家という形で全国的な統一がなされていった。これも元和元年（一六一五年）の二代将軍秀忠の武家諸法度にはじまり、三代家光の一万石以上の大名を対象とした寛永令（寛永十二年、一六三五年）をはじめ各将軍の時代ごとに整備されて、八代吉宗の享保令（享保二年、一七一七年）に至るまで政治空間のルール化が進められた。

体制整備という意味では、関ヶ原の合戦以降、西国大名の改易が特に盛んであった。関ヶ原の戦において八十八家が改易された。その後も改易は続き、江戸時代になってからも外様大名の改易は、百二十七家に及んだ。豊臣方の大名の処分が終わると、続いて譜代大名も次々と改易されていった。譜代大名は、江戸時代を通じて、百二十一家が改易されたという。この分、天領と譜代大名の領地は増加した。しかしそのなかで、外様と扱われながらも加賀や薩摩など各々の地方の国を支配する国持大名といわれる二十家余りの大きな領国大名は、譜代大名とは異なり、転封もなく、それなりに独立した領国運営が認められていた。幕府の政治空間は、中央集権化と他方での大名の自治を認める連邦化でもあった。

一方、経済空間では、米年貢制により米中心の経済体制が幕府の天領をはじめ藩ごとに分権的に構築された。統一された政治空間に対して、領国を中心にして、領国経済を単位とした大藩を中心とする多数の小経済空間が並存する状況になっていた。幕府の経済空間は、いわば領国・藩という独立した小さな経済空間の集合体からなる二重構造のうえに形成されていった。

加えて、戦国時代には軍資金としての性格が強かった金・銀の貨幣の基となる鉱山は、幕府の独占するところとなった。経済史家作道洋太郎は、江戸時代に入ると、商品流通の活発化に伴い、交換手段としての本来的な通貨の性格が顕在化していったと表現している（『体系日本史叢書13　流通史Ⅰ』）。商品流通の活発化に伴い、貨幣の流通する空間も拡大していった。徳川家康自身も、幕府通貨による統一化を志向していた。慶長六年（一六〇一年）には、金貨（大判、小判、一分判）、銀貨（丁銀、豆板銀、小玉銀）を鋳造している。この幕府の権力は、有力大名の領国における私札を元和《げんな》九年（一六二三年）から禁止し、宝永四年（一七〇七年）の藩札停止令となって強化されていった。幕府通貨の独占発行権を脅かす恐れのある領国の通貨発行権は認められなくなった。通貨は江戸幕府のもとで形式上は幕府に統一されていった。

第二節　経済空間の拡大と鎖国令

経済空間とは異なって、政治空間にとって徳川幕府の統合を妨げる恐れのある大きなリスクは宗教問題、つまり端的に言えば、かつて戦国時代にあった一向宗一揆の問題以上に、キリシタンの宣教師たちの扱いであった。日本の倫理精神史家、和辻哲郎は、『鎖国』（一九五〇年）のなかで次のように書いている。

「宣教師追放令を出した秀吉も、禁教令を発布した家康も、鎖国を考えていたわけではなかった。秀吉の追放令には貿易の自由をわざわざ掲げているし、家康は禁教令に先立ってオランダ貿易を始めている。……キリスト教を禁ずるということは、民衆の中から沸き上がって来た新しい力、新しい傾向を押さえつけ、それを古い軌道へ帰すということにほかならなかった。……家康はこの保守的運動を着実に遂行した人である。彼はそのために一度破壊された伝統を復興し、仏教と儒教とをこの保守的運動の基礎づけとして用いた。特に儒教の興隆は、彼が武士支配の制度化の支えとして意を用いたことであった。」

（和辻哲郎『鎖国』）

徳川幕府において、寛永十年（一六三三年）に外国貿易取締令が長崎奉行により通達され、三年後の寛永十三年に一層厳格に令が出されている。いわゆる、鎖国令である。少なくとも鎖国令が出されるまでの期間は、次のような状況であった。

「1604年から1616年までの十三年間に幕府の出した海外渡航の許可状は百七十九通に達しているし、その後1635年の海外渡航禁止に至るまでの海外渡船は百四十八隻以上であったといわれている。その行く先は、台湾からマラッカに至るまでの諸地方、ブルネイやモルッカの諸島などである。船は、大きい場合には参百名以上を乗せ、その大部分は商人であった。」

（和辻哲郎『鎖国』）

船主には、商人のほかには、九州の諸大名、島津、有馬、加藤、細川などがいた。この時期、海外に向かう動きは強く、「南洋の日本人町が相当に栄えていた」（同『鎖国』）。例えば、山田長政で有名なシャムの日本人町のみならず、カンボジア、北ベトナムのコーチ（ツーラン、フェーホ）などが有名であり、マニラには最盛期三千人の日本人がいたという。

しかし幕府は、対外的には交信することさえも閉じてしまい、徹底的に内向きに力を注いだ。この姿勢は、国内の政治空間の統合のためであり、それはまた経済空間の統合にも作用した。

第三節　城下町の構造

鎖国下の政治空間は、先に述べたように、徳川幕府の下で藩ごとに、城を中心に小さな領域の空間に分かれていた。のちに十九世紀になってドイツの農業立地論者チューネンが、北ドイツにおける農業について、城下町を中心としてジャガイモやキャベツ、小麦といった作物ごとに同心円を描く「孤立国のモデル」を唱えたが、この時代の日本でも、各城下町は、城を中心に機能的に分化し、同心円状に展開していることを、歴史家大石慎三郎は、指摘している。前記のチューネンと似たように、日本における封建体制下の城下町を中心とする領国の立地の構造モデルは、経済空間と言うよりは、むしろ政治空間の立地構造と呼ぶべきものである。

「城下町は、城郭部分を中心にして、その外側に武家屋敷・町地・社寺地というように、都市が四つの地域に整然と区画されていた。……城郭の実質的な中心部分は本丸であった。……武家地は城郭部分を中心に、それと一番近いところにつくられ、町人地・社寺地と区別された特別の区域をなしていた。……武家地の外側には町地がつくられた。……町地の外側にあり、城下町の一番外郭部をなすのが社寺地であった。……それ本来の機能のほかにこの地域は外敵に攻められたときの城下町防衛の第一戦という含みももたされていた。しかし江戸時代が大変平和な時代であったので、この部分は城下町の人々の遊楽地として利用されることが多かった。」

（大石慎三郎『江戸時代』図11　城下町の仕組み）

当時の日本の城下町とチューネンの孤立国との決定的な違いは、チューネンの場合は、城下町にある市場《いちば》で取引される農作物が、作物の売買益（利潤率）に従って利益の高いものからだんだんと低い順に中心にある市場を離れて耕作され、同心円を作るという農業生産の視点に立っていることである。そこに描かれたのは、利潤率を核とする同心円の経済空間であった。

それより二百年近く前の封建時代にあった日本の城下町では、城を中心に武家屋敷が取り巻き、商人・町人の区画がその外側に、さらに離れて社寺地、そしてその外側に農地が展開している。利潤率は議論にならず、軍事中心の同心円とも言うべき、城を中心として展開する商業地域を取り込んだ空間であった。

こうした封建時代の都市の構造は、大石と同じように、歴史家山口啓二も『鎖国と開国』において日本の城下町の基本構造であったと説明している。経済空間は、封建時代の政治空間の同心円のうえで城下町の商業地・市場を中心に次第に発展していった。幕府からの規制はあるものの、孤立国としての藩における経済空間は、徳川幕府の平和で戦争のない時間が続く中で、水田稲作を中心に充実、拡張してゆき、まず領地内に浸透する。

その一方で、自分たちの食べる年貢米のほかは、米以外の生産物を入手するために、一旦換金する必要が次第に高まっていった。城下町での売買に加えて、陸運、河川それに海運が十七世紀中葉にかけて目覚ましく発達し、大坂堂島の米取引をはじめ、大坂には全国から商品が集まり、大消費地として物流の一大拠点が形成された。一旦大坂に集められた生産物は、海運の発達等によりさらに全国へ、とくに江戸をはじめとして配送されていった。

交通体系の整備は、開府当初、兵力の異動を迅速に展開するために、軍事的目的から五街道を軸に整備され、徳川幕府の支配力強化におおいに貢献した。交通体系は、陸路が軍隊の移動を速やかに行うための重要な手段であり、典型的に政治空間を支えるものであった。五街道として、東海道、中山道、日光街道、奥州街道、甲州街道が最初に整備された。海路については、鎖国政策が執られていたこともあり、当初幕府は消極的であった。まず河川交通が整備されていった。さらに海運に関しても、河村瑞賢により、十七世紀中葉にはすでに東回り航路、西回り航路の整備が行われ、全国を結ぶ海路が開拓されていた。しかし次第に経済が発展していくのに伴い、藩・領国を超える取引が米以外の商品にも及び、東回り航路、西回り航路も活用されていった。そして江戸―大坂間に菱垣廻船、樽廻船が運航されたことにより、十八世紀前後の時代には、大坂と江戸、さらには全国を直接結ぶ陸路、海路が開拓されていった。

中心となる江戸―大坂間の海上輸送において、菱垣廻船、樽廻船の運航により、一段と充実してゆき、年貢米を始めとして、多くの製品が大消費地を目指して活発に運ばれた。政治的な全国統一とともに、城下町を中心とする領国の経済は、次第に相互に結びつき、ネットワーク化し、全国を覆うような複数の核を有する大きなチューネン同心円の孤立国が形成され、広域経済空間として次第にその内容を充実させて発達していった。経済空間は二重構造とも言える多層化したものとなっていった。

交通手段の発達に伴い、大坂を第一に、江戸、京都も商品の需要が大きく集中する中心地となる。言ってみれば、「経済の集中する極」が生み出され形成されつつあった。ここに多くの藩・領国経済を包み込む、全国をカバーする大経済空間が形成されつつあった。それは、地域的な経済の発展・拡張と交通網の充実の成果であり、結果であった。

経済史家林玲子は、『体系日本史叢書13　流通史Ⅰ』のなかで十八世紀の大坂の蔵米について次のように書いている。

「大坂の米相場は、全国に大きな影響を及ぼしたのであるが、この米相場を決定する場所が堂島の米市場であった。諸藩の蔵米は、ここで売捌かれるが、その場合、堂島の米仲買株をもつ堂島米問屋（蔵米問屋）の入札による払下げという方式をとった。落札したものは、代銀を納めて蔵屋敷から米切手を受け取る。……米問屋は米切手のまま売買をおこない、これを買い取った搗《つき》米屋が蔵屋敷から引取ったのである。」

（林玲子「近世中後期の商業」『体系日本史叢書13　流通史Ⅰ』）

大坂の堂島では、現物取引（正米取引）だけではなく、十八世紀前半の享保期になると米の先物取引も活発化した。江戸でもほぼ大坂に近い額が持ち込まれるようになっていたとみられる。江戸では、大坂堂島のような統一した市場を経ないで米は商われた。しかしのちに十九世紀中葉の天保期になると、それまで商品の多くが集中していた大坂の地位は急速に低下してゆき、江戸の集中力は相対的に上昇、さらに生産地と消費地とのあいだで直結した取引も進展・増加していった。

第四節　経済発展と米の増産

経済空間から見れば、江戸時代の空間は、政治空間と同様に米本位制であった。中心にある米の生産高は、江戸開府当初、約二千万石であったといわれるが、江戸中期には新田の開発などにより増加して、幕末までには三千万石を超える生産高になっていた。具体的には、文禄元年（一五九二年）の千八百四十六万石から明治四年（一八七一年）の三千百六十二万石に増加していた（『新詳日本史図説』浜島書店）。耕地面積も十六世紀の豊臣検地の百五十万町歩から、十八世紀初の徳川吉宗の享保時代までに倍の三百万町歩に増加していた。しかしその後は、明治六年（１８７３年）の地租改正までは微増にとどまっていた（三橋時雄「近世前期の農業」『体系日本史叢書11　産業史Ⅱ』）。

人口の変化については、戦国の時代が終わると平和の世になり、開府当初から人口は大きく増加していった。しかしその後、米の豊作、凶作によって人口は、二千六百万人から二千七百万人の間を変動しながら維持された。浜島書店の前掲書によれば、享保六年（一七二一年）二千六百七万人、文政五年（一八二二年）二千六百六十万人、弘化三年（一八四六年）二千六百九十一万人と百五十年にわたりほぼ横ばい、ないし若干の増加を示していた。

しかしながらこの間に、幕府財政の悪化は進んでいった。幕府の収入は、基本的に年貢と貨幣の発行収入の二本建てだったが、貨幣発行の源である金山・銀山は、江戸時代に入ると急速に生産量を落としていった。幕府財政は、不可避的に年貢一本に依存せざるを得ない状況に追い込まれていった。この背景には、豊臣家からの戦利分を含め、幕府歴代が貯えていた金銀の分銅が当初は潤沢にあったことが影響している。この貯えを使って、三代将軍家光の浪費に対してもはじめは充当して賄っていた。だが、こうした貯蓄に依存した財政支出は、次第に先細りになっていった。しかし、家光以降の出費過多に伴う拡大した財政支出は、巡り巡って、当時の商品の大消費地であり供給地であった大坂を中心とした元禄文化の繁栄の背景をなしていた。その反面、幕府財政は、次第に行き詰まっていった（梅村又次、新保博、西川俊作、速水融編『日本経済の発展』）。

こうした財政悪化の原因は、基本的に年貢一本に殆ど依存する幕府の財政収入構造にあった。米の生産高のみならず、米価の問題が大きく影響していた。前述の『日本経済の発展』のなかで扱っている統計によれば、文政元年（一八一八年）まで、米価は低下傾向にあった。しかし文政期に急上昇を見せ、以降幕末に向かってトレンド的に上昇していったことがうかがえる。この点を捉えて、著者の一人である計量経済史学者新保博は、後に述べるが、「文政期のインフレ的成長論」を提言し、江戸時代史に一石を投じている。

第五節　デフレ経済と財政の硬直化

江戸時代の経済成長という問題の背景には、貨幣政策、つまり通貨発行量の変動が存在している。それは、通貨を発行することで、造幣コストを上回る発行金額（出目《でめ》と言われる）を財政収入として得ることによるものである。しかし、開府早々に金山は掘りつくされてしまい望めず、また世界有数の産出量を誇った銀山も次第に産出高を落としていった。こうした状況の下で、一体どのような政策が残されていたのであろうか。

経済学的に見るならば、米の生産高が増える一方で、通貨の流通量が一定に留まるなら、米と比べ相対的に貨幣の価値は大きくなり、いわゆるデフレ傾向、すなわち米価は下落してゆかざるを得ないことになる。

その結果、年貢を収入の基盤とする大名・武士階級は、次第に貧困化していった。何故なら、自分たちの主食の米以外のものは、一旦貨幣に交換せねばならず、交換した貨幣をもって、米以外の必需品を購入する必要があったからである。デフレ基調のもとで、武士階級の実質手取り額は減少していった。不足分は借り入れで賄うしかなかった。十七世紀中葉には、大名・武士たちは、借金に依存せざるを得ない状況に追い込まれていた。以後この傾向は、幕末・維新まで続いた。

通貨の発行量に関しては、本書第五章で詳説するが、前掲書の『日本経済の発展』によれば、実証的には十七世紀初め、金貨換算で計一万四千から二〜三万両が発行されていたが、江戸後期の十九世紀になると、発行量は文政元年〜天保三年にかけ平均四万六千両と急増し、以降一方的に増加していった。

米の増産、生産の効率化が進むなかで、平和な時代が続くことにより増加してきた人口も安定して、次第に経済発展が進むにつれて嗜好の多様化、高度化が進展して、経済空間における構造も変化していった。

食料としての米が確保されると、米を原料とする米味噌、酒などの醸造商品、野菜類をはじめ米以外の商品へのニーズは高まり、大名・武士層にとって、年貢として手にした多くの米を換金する必要が一段と高まっていった。年貢のみに収入を依存する以外に途のない大名・武士層にとって、この負担が大きくのしかかってきた。

平和な時代を迎えると、戦《いくさ》働きを生業《なりわい》とする武士層は、その出番がなくなり、実態的には、単なる社会的な負担層に落ちぶれてゆく。大名をはじめ有能な者たちの多くは、幕府の官僚制度のなかに活路を見出し、また領国経営のなかに居場所を見つける必要があり、また見つけていった。江戸の政治空間、経済空間は、戦国時代当時の在り方とは、大きく変容していった。

こうした社会的な全面的変化に直面し、平和になった時代に支えられた経済進歩に対して、米本位経済は、構造的な弱点を抱えていた。官僚制度の確立、参勤交代など幕府の体制は整えられてゆき、落ち着きを見せてきた政治空間ではあったが、それとはうって変わって対照的であったのは、経済空間の存在であった。経済空間に時代の変化のしわ寄せが生まれていった。

それは、端的に言えば、生産物と通貨の関係であり、経済学的にいえば、生産増に合わせて通貨も増加させていく必要があった。不幸なことに幕府が独占していた金山、銀山は、当時の採鉱技術水準の限界もあって、短期間のうちに産出高は減少してゆき、拡大する生産活動による発展に合わせた通貨の発行は、時間の問題で行きづまっていった。徳川幕府財政は、開府時に得た豊臣家の金・銀の分銅、開府からしばらくの間採掘出来た貴金属を貯蓄用とすることが出来た分銅に依存していた。いわば貯金の取り崩しという形で通貨の鋳造を行わざるを得なかった。しかしそれとても、十七世紀中に底をついてしまった。

歴史家大口勇次郎によれば、吉宗の享保十五年（一七三〇年）の幕府の財政について、

「年貢収入（50万9０００両）と俸禄金、奥向経費、役所経費の支出合計（50万6０００両）とほぼ見合っており、しかも両者ともに歳入出計にたいしておおよそ三分の二という高い比率を保っていることが判明する。」

（大口勇次郎「幕府の財政」新保博／斎藤修編『近代成長の胎動』）

と述べて、年貢はほぼ定常的な経費に見合ってしまい、財政として柔軟な対応をする余地がなくなってきたことを指摘している。歴史家山口啓二も、著書『鎖国と開国』のなか

で十八世紀初頭の幕府財政状況について次のように書いている。

「幕領〔四百万石〕からの年貢はほぼ百四十万石、……この百四十万石は、すべて米だということではありません。米は八十万石程度で、残る六十万石は、関東では金納、関西では銀納という形で納められました。それは金に換算すると約五十万両にあたります。以上が総収入です。では支出の方はどうか。……約九十万石、すなわち年貢収入百四十万石の三分の二近くが旗本や御家人に禄米や役料等として与えられました。……ともあれ禄米・役料を差引いた残りのうち、贅沢三昧している大奥が十九パーセントも使います。それに比べると中央・地方行政費は、それぞれ七・六パーセント、九・九パーセントに過ぎませんでした。……

大半が家臣団の禄米・役料にあてられたのは、幕府財政の本質から見れば当然でした。人民を治めることよりも、いざ戦争という時のために兵力として家臣団を養っておく、つまり常在戦場の体制をとったのが幕府封建制の本来のあり方だからです。」

（山口啓二『鎖国と開国』）

両者とも幕府の財政は、定常的な収支でほぼ均衡していると見ており、幕府財政としては、動きのとれない状況にあった。このうえに凶作や災害などの臨時の出費を吸収するのは容易なことではないことが分かる。硬直的になってしまった主因は、基調としての米価安の問題であった。大きな困難は、たとえ米の生産高が増えたとしても、それに合わせて通貨量が増加しなければ、相対的に米の値段が低下して、幕府にとっても、武士階層にとっても実収入が減り、かえって逆効果になってしまうことであった。

通貨が経済発展による生産物の増加に見合って発行されず、以前のままに留まり続ければ、生産物と通貨の比率、特に増加する米に対して、通貨は全体として不足してゆく。言い換えれば、米価は基調として低落していくことになる。米が増産されていくのに対して、増えてゆかない通貨は、相対的により少なくなり、希少化するからである。相対的な価値関係は逆転する。そしてまた、他方において、経済発展の結果、人々の生活水準は向上してゆき、米以外の食料品や、衣類などの生産物への欲望は高まっていった。

江戸開府以降の世の中では、日常において金貨、銀貨は、高額取引に使用されていた。元禄時代という商人を中心とする時代が到来するに至ると、とりわけ大坂を中心に、丁銀・豆板銀など銀貨が一段と活発に使用された。

米本位制という体制は、平和な世の中において経済発展をもたらし、その結果、一般庶民と武士階級とのあいだの収入構造の違いから、経済空間において社会的な不安定さを生み出していた。米本位制は、当初の意図とは異なり、社会的には百年ともたず、十七世紀の中葉になると、大名・武士層の生活の困窮は目立つものとなっていった。大名・武士は、富農・豪商からの借り入れに頼らざるを得ない状態に追い込まれていった。戦がなければ、多くの武士はその存在意義を失い、居場所を社会のなかに見出すことは困難になった。人を殺しあう武士の時代は、幕末・維新の時代に至るまで、活躍の場は失われていた。武士の在り方も変容し、行政、治安といった面に向けられ、それまで目立たなかった、いわゆる文官の時代、官僚の時代へと移行してゆくのであった。武闘派の武士は、社会的な生き場を失い、幕末に至るまで負の資産となってしまっていた。

第二章　赤字化する幕府財政と貨幣改鋳

第一節　三貨制という通貨体系

絹、米、輸入銭などは、通貨として戦国時代まで使われていたが、安土桃山時代になると金貨・銀貨も登場する一方で、通貨としても使われていた絹や米の使用は禁じられた。江戸時代に入ると、幕府が独占する金山・銀山のうちでもとくに、石見銀山などで豊富に産出していた銀をもとに銀貨も多く作られ、実生活においても、特に関西を中心に高額取引に使われた。勿論金貨も関東では使われてはいたが、金貨は、更に高額なものに取引が限定されてしまい、日常の高額取引においては、銀貨のほうがより利用しやすい価格帯をカバーしており、商取引が活発な大坂を中心に「銀遣い」の世界が形成されていった。当時の世の中で流通する商品は、全て一旦大坂に集まり、その後、各地に分配・拡散されると言われていた。

一方、徳川家康は、当初から関東を中心に、甲府、伊豆、佐渡などの金山の独占権を梃子に、「金遣い」の世界の拡大を進めていた。金貨は、江戸をはじめとして関東を中心に次第に浸透していった。何れの場合にも、それまであった銭は、金貨、銀貨にリンクしながら、関東、関西を問わず、日常生活の少額取引において使われており、独自の世界を有していた。ここにいわゆる、金・銀・銭という三貨制と呼ばれる各々異なる三つの通貨体系が、江戸時代の前半期には展開していた。一両は銀貨で当初は五十匁のちに六十匁、銭では四千文（＝四貫文）と定められていた。金貨は、両、分《ぶ》、朱があり、四進法であった。そして額面で取り扱われた。銀貨は貫、匁、分《ふん》があり、十進法で、目方で扱われた。

貨幣の世界は、金・銀・銭の三貨で覆われていたが、実態的には「金遣い」の空間と「銀遣い」の空間という二つの空間に分かれていた。銭は両方の世界で日常の補助通貨として使用されていた。金融史家松好貞夫は、戦前の一九三二年刊行の『日本両替金融史論』のなかで、

「事実において江戸は金貨幣本位であり、大坂は銀貨幣本位（銀目本位）であって我国内には恰も金貨国と銀貨国とが対立せるかの如き奇観を呈し、……」

（松好貞夫『日本両替金融史論』）

と二つの貨幣空間がまるで独立した世界のように存在していたと書いている。
東京商科大学教授であった幸田成友《しげとも》（幸田露伴の弟）は、昭和九年に出版された『江戸と大阪』という書のなかで、大坂と江戸の違いの一つとして、その使い方の違いについて次のように書いている。

「物価をいうに上方は銀目を以てし、関東筋は金目を以てした。……上方は貨物の名目を表に立て、銀の方から高下をなし、例えば米一石銀何十匁何分といひ、関東筋は金を表にし、金一両につき米何石何斗といふやうに升目の方から高下を為した。」
（幸田成友『江戸と大阪』）

金貨は高額であったために、金貨の単位に合わせて米などの多寡を表示し、これに対して金との比較において相対的に低額で、融通の利く銀貨は、米などに合わせて価格を提示することが出来た。これは、取引単位が大きい業者間の商いの場合などが多く、庶民の日常は銭が中心であった。いずれにせよ、定位通貨（両など額面で表示された金額で使われる通貨）である金貨の体系と、通貨の量目（実際の重さで使われる通貨）で取引される秤量通貨である銀貨（丁銀や豆板銀など）の体系の違いを象徴的に表現するものである。金貨の世界と銀貨の世界、そして両者の補完的な、また庶民にとって日常的な少額取引に使われる通貨としての銭があった。徳川幕府の前半期には、三つの通貨体系がそれぞれの分野で並立して存在していた。

第二節　勘定奉行荻原重秀の貨幣改鋳

新田開発など米の増産が進むなかで、増加傾向にあった人口は、頭打ちの状態を迎えていた。このために、食料としての米そのものへの追加需要は増えず、米を原料とする酒や、味噌、醤油などの醸造品の生産などが活発になっていた。また蔬菜類も多く作られ、農業生産は多様化が進んでいった。主食の米から、関連作物、衣類や嗜好品に対して追加的な需要はシフトしていった。

他方において、商品の決済手段としての貨幣に関して、素材の基盤となる金・銀の産出は、排水処理能力や掘削方法の技術的な制約などがあり、金については開府早々に、銀山も十七世紀後半には次第に減産していった。これに対して社会的には、経済発展に伴い消費の多様化は進んでいった。前章五節で述べたように、増えてゆく生産物に応じて、通貨の増発が必要とされていた。

米価は天候の不順などから凶作も発生して高騰する時期もあったが、傾向的に徐々に低下していった。年貢に依存する諸大名は、次第に低下していく値段で年貢米を売却せざるを得ない状況に追いやられていった。米の売却代金によってその他の商品を購入せねばならない人達、すなわち大名・武士層は、他に手段もなく、豪商、豪農、両替商などからの借り入れに頼るしか道はなかった。

こうした状況下で、五代将軍綱吉の時代の勘定奉行荻原重秀（万治元年・一六五八年―正徳三年・一七一三年）は、低い身分の出ながらも、徳川綱吉に認められ、勘定奉行にまで出世した。荻原は、慶長金銀と比べて、思い切ってそれぞれ金銀の含有比率を三割、二割と減じた通貨の改鋳を行った。元禄八年（一六九五年）の「元禄金」・「元禄銀」の改鋳、宝永三年（一七〇六年）の「宝永銀」、七年（一七一〇年）の「宝永金」・「永字銀」の鋳造である。

荻原は、綱吉の元禄・宝永の時代に、都合五回通貨の改鋳を行ったが、この金・銀の含有量の引き下げは、旧貨を回収して、より少ない金・銀で新貨をより多く発行することを可能とするものであった。新旧貨幣発行のコストの差は、発行差益（出目）として、金貨・銀貨合わせて金貨に換算して、五百万両ともいわれる大量の改鋳益を幕府にもたらした。それはすなわち、慶長の小判・丁銀／豆板銀などに対して、それぞれの通貨の金・銀の含有量を落として発行することによって、必要な貨幣量の増加をもたらすことを意味した。小判に対しては、金を減らした分、銀を増やし総重量はほぼ同量に保った。銀貨に対しては、銀を減らした分、銅を増やした。全国統合を果たした幕府の政治空間における力をバックに、荻原重秀は、太宰春台作と言われる訊洋子『三王外記』のなかで、「貨幣は国家が作るものであり、瓦礫に代えるとしても行うべし。薄くても質が悪くても銅貨であれば紙幣よりましである。」といい、まして金貨・銀貨ならはるかに上出来と言わんばかりであると書いている。ここには、質を落とした改鋳に批判的であった太宰の皮肉も込められているように見える。

こうした幕府の権威に基づく通貨発行の捉え方について、一部の歴史学者からは、荻原の考えはその二百年の後に欧州で論じられた「貨幣国定説」に先立つ先駆的なものであると指摘されている。そこでは貨幣の捉え方が問題とされている。この「貨幣国定説」の代表的なものとしてよく引用されるのは、一九〇五年に発表されたドイツ人、ゲオルク・フリードリッヒ・クナップの『貨幣国定学説』という著書である。クナップは、過去の歴史の働きを重視する新ドイツ歴史学派に属するといわれており、当該書の第一章貨幣本質論(支払、貨幣及金属)の冒頭において、それまで通説であった貨幣に含まれている貴金属に価値を置く、いわゆる貨幣金属説を否定して、次のように言い切っている。

「貨幣は法制の創造物である。貨幣は歴史の過程に於て甚だ多種多様な形態にて現はれている。故に貨幣の理論は只法制史的たり得るのみである。貨幣の最も愛好せらるゝ形態は正貨である。而も此の正貨が鋳貨の形態をとって現はれることは、其概念に必要な要件である。茲に於いてか多数の学者は貨幣なる制度は鋳貨の知識より演繹することが能るという結論を下した。併し是は大いなる誤謬である。」

（クナップ著、宮田喜代藏訳『貨幣国定学説』）

クナップは、貨幣は鋳貨の質の問題ではないと主張した。彼は、過去の歴史を振り返り、貨幣の究極にあるものは、国家に対する信用であるという解釈をとった。これは現代でも通用する捉え方である。つまり、クナップの主張は、貨幣の材質が問題にあるのではなく、国家への信用にあるとした。しかしそこでの貨幣の発行には前提条件が付いており、国民が歴史的にも受け入れる準備があるという条件の下で、はじめて実行可能なものであるとして、歴史的に積み上げられた国家に対する信用に基づくものであると主張した。従って、国民が受け取りを拒否する通貨は、実質的に発行不可能であると考えていた。歴史的に裏打ちされた国民の信用が第一に必要であることを説いた。

このクナップの考え方に近いものを持っていたのが、これに先立つ二百年前の勘定奉行荻原重秀であったことには間違いがない。彼は、「官符の印の理論」ともいうべき考えを主張し、通貨の改鋳に理論的な意義を与え実施した。しかし国家の権力を前面に押し出した彼の考えは、断片的であり、国家に対する信用にまで論じきることはなかった。むしろ質を落とした改鋳を擁護するために、やや誇張して幕府の力を誇示した感がある。但し、これは必ずしも改鋳に賛成しているわけでもない太宰が書いたとされることを考慮する必要があり、それでも荻原の時代的に大変に進んだ考え方を表すもので、世界に大きく先駆けていたと言えよう。

クナップは、それまでの金・銀などの貴金属を基にした金属主義的貨幣観に対抗して、国家の力を背景にして、貨幣の名目理論を主張した。これに比して、すでに十八世紀初頭において、そして現代において、ますます強調されている国家の信用力を基盤とする貨幣観もしくは、控えめに言って萌芽的見方が江戸幕府において実践されていたことは、世界に誇れる江戸時代の先進性の一つであるといえよう。これに対して、相対的ながら新井白石などは、慶長小判などを理想とする金属主義的貨幣論者とも言えなくもない。貨幣の表象は、現在では紙幣ですら無くなりつつある。しかしここで批判された貨幣金属説は、国際金融において、金との交換を断ち切った五十年前のニクソン・ショックに至るまで続いた。

荻原重秀による元禄の通貨改鋳は、先駆的であり、どの程度新旧貨幣の交換が進むのかがポイントであった。受け入れられれば、旧貨幣を回収して、新鋳貨の金・銀含有量を落とし、その分多く通貨の発行高を増加させることが可能になる。

この改鋳の背景には、幕府は貯えてあった手持ちの金・銀をすでに使い切ってしまっていたのみならず、また他方において次第に支出がかさんでいくという財政事情があった。赤字基調に悩まされている幕府財政は、荻原のこの措置によって、大きく改善された。米本位制を基本とする当時の貨幣政策としては、この方法以外にはなかった。通貨を増やし、デフレを回避させ、これにより米価を引き上げる、少なくとも維持することが考えられた。年貢を主たる基盤とした幕府には、悪化する財政の改善を図るための特効薬的な有効策はなく、事実、江戸時代後期において、貨幣改鋳は財政改善策の中心的手段となっていった。しかし、荻原の政策について、実際には改鋳の原資となる旧貨の回収が期待されたほど進まず、混乱と失敗に終わったと、歴史家田谷博吉のように厳しい評価を与える者もあった。また鋳造の過程が若年寄・老中を通さずに、独断専行であるという新井白石の制度上の批判もあった。

新旧通貨の交換を一層円滑に進めるために、幕府は、四十年後の「元文の改鋳」に際しては、増歩といって、両替商での交換に際してプレミアムを付加して回収の促進をはかった。旧小判百両に対して新小判百六十両と両替する一方で、市中での決済は新旧等価としたため、両替が圧倒的に有利であった。結果、両替は促進された。

第三節　六代将軍家宣《いえのぶ》と「正徳の治」

しかし幕府内においても、通貨の金・銀の含有量を落とす考えには反対する者も多かった。その代表は、荻原重秀に対する新井白石の執拗な批判であった。荻原の行動は、経済学的には合理的と認められるものであるが、また当時の儒家の思想と相対立するものでもあった。貨幣の質を落とすことは、道徳的に悪であり、こうした行為を彼らは悪貨と呼んで強く批判した。残念ながら江戸時代の儒学には、政治道徳を語るものはあっても、経済を正面から捉え、後の世からの議論に堪えられるものは見当たらない。世界史的に見ても、経済学がまだ学問として成立する以前の時代であったので、歴史的にやむを得ないものと言えよう。

六代将軍家宣《いえのぶ》は、当初は荻原の解任には反対していたが、恐らく自らの病が進んできたこともあって儒学者新井白石の言を最後には受け入れ、荻原重秀を退けた。生産物が着実に多様化して増えていくなかで、白石の言に従い、通貨の質を元に戻し、金・銀の含有量を引き上げた。投入できる追加的な金・銀はなかったために、通貨の質を引き上げた分、結果として通貨の発行量は減少することとなった。幼少の七代将軍家継の代の正徳四年（一七一四年）・享保元年（一七一六年）の改鋳である。世にいう江戸時代の改革の一つ、「正徳の治」である。

将軍家宣の下で、小振りになったが、質は高い「宝永小判（乾字小判）」に続いて、家継の時代に「正徳小判」や「正徳／享保丁銀・豆板銀」が代わって発行された。特に「正徳小判」は、質・量ともに百年前の慶長小判と同じ質の高い規格になっていた。また銀貨についても、丁銀・豆板銀も同様にかつての慶長の質に戻した。金貨・銀貨の質・量を上げることを優先させ、その分通貨の発行量は削減された。

漸増してゆく生産物に対して、通貨供給量を絞れば、通貨の方が相対的に希少になり、経済は、当然デフレとなる。通貨量の削減は、絵に描いたように、完全なデフレ経済をもたらした。質素倹約と不況のなかで、元禄時代から盛り上がってきた活気は、吹き飛んでしまった。

儒学者荻生徂徠（一六六六年－一七二八年）は、『政談』の巻二のなかで、かつての通貨（慶長小判、一分判）の質を引き上げて、同じ水準そして若干上回る水準に引き戻した正徳・享保の改鋳に伴う物価について、以下のように書いている。

「現在の金貨の数量は、元禄金や乾字金のころに比べて品質が良くなった代わりに、流通量は半分になり、銀貨は四ツ宝銀のときの三分の一になっている。だから物価は、元禄金や乾字金のころより半分以内に下がらなければ、まだ元の水準になったとは言えない。」

徂徠はここでは、むしろ貨幣の流通量の減少を問題にしている。貨幣の品質が良くなり、貨幣価値が上がっているのだから、それに応じて表示される物価も下がらなくてはならないと説く。正論である。そして同じ巻二、「金銀の流通量が減少したこと」について、

「金銀の数量が減少すると、世間が困窮するというわけは、金銀を多く持っていた者も、世間が困窮すると、それにつれておのずと財産が半減するから、金を出して米を買うということもできない。そうなると米価が下がるから、米を売って生活を立てる武家や百姓も、みな財産が半減して、世の中が困窮したのである。……世の中の風習がだんだん贅沢になった結果である。世の中が全部こういう風になったので、貨幣が不足して、物価が上がっているのである。」

（以上、尾藤正英抄訳『荻生徂徠「政談」』講談社）

儒家らしく経済発展の結果、需給が多様化してしまったので、通貨が不足してしまったと論じている。世の中の風習が贅沢になってきて、供給される各種商品に対する需要が増加している分、貨幣が不足しているという捉え方は、経済が発展する限りにおいて今日でも誤りとは言えない。しかし一方貨幣の減少により、これに伴って物・財産の価格も低下すると見ている。その原因とされる贅沢となった風習を改めるべきかどうかという点で見方は分かれるであろう。彼のロジックでは、質素倹約に努めることにより需要を削減し、この結果供給者の生産活動も引き下げられるはずであると見ている。しかしこの捉え方では、残念ながら社会の発展、経済の発展の力を吸収できない。儒学者の立場という限界があり、経済発展の概念を上手く受け入れられないという壁がそこに存在する。

そこには、当時の租税システムの限界と商人層の力の増加があった。こうした経済社会の発展、つまり経済空間の充実、発展は、一方において大名貸の増加を招くことになっていった。十七世紀末頃までには、大名と商人の経済力は逆転していた。

歴史学者竹内誠は、『体系日本史叢書13　流通史Ⅰ』において、当時の鴻池家の貸し出しにおける町人と大名の比率が、寛文十年（一六七〇年）には、町人六三％、大名十五％だったものが、僅かその三年後の延宝元年（一六七三年）には、この比率は逆転して、それぞれ七％、八四％と急激に大名貸に傾斜していたことを指摘している。年貢一本に依存する大名・武士階級の困窮と商人階級の台頭は、時間の経過とともに激しくなっていった。平和の世が訪れて半世紀もすると、この傾向はすでに目立つようになってきており、米将軍と言われる吉宗の「享保の改革」は、不可避的な状況にあった。

以降、江戸幕府には、デフレ経済の下で大名・武士階層のみならず庶民を含め、倹約・復古を理想とするのか、はたまた、通貨量を増やし、経済をインフレ気味にして、景気をよくすることを良しとするのかの二つの政策思想が、交錯し繰り返された。それはまた、社会構造的にも、開府以来その地位を確保してきた守旧的な譜代大名などに運営を託するのか、地位は低いが新しく育ってきた才能のある人材を発掘し、抜擢することにより時代を乗り切ろうとするかの二つの政策運営の選択でもあった。

享保から元文に元号が代わった元文元年（一七三六年）、将軍吉宗の下で勘定奉行の細田時以《ときより》と町奉行大岡忠相《ただすけ》により、両替に際して大幅に増歩（プレミアム）を付した、「元文の改鋳」が行われた。金・銀の含有量は、再び削減され、同時に通貨量は増加したため、市中の通貨不足は緩和された。

江戸時代の小判の金含有量値、並びに秤量銀貨である丁銀・豆板銀の銀含有率の変化を示せば次のようになる（『体系日本史叢書13　流通史Ｉ』「第七章　貨幣と信用」２７６－２７９頁、山川出版社より作成）。

金貨名称	鋳造開始期	全体重量（匁）	うち金（匁）
慶長小判	慶長六年（一六〇一年）	4・760	4・012
元禄小判	元禄八年（一六九五年）	4・760	2・731
宝永（乾字）小判	宝永七年（一七一〇年）	2・500	2・107
正徳小判	正徳四年（一七一四年）	4・760	4・012
享保小判	享保元年（一七一六年）	4・760	4・131
元文（真文）小判	元文元年（一七三六年）	3・500	2・300
文政（草文）小判	文政二年（一八一九年）	3・500	1・974
天保（保字）小判	天保八年（一八三七年）	3・000	1・703
安政（正字）小判	安政六年（一八五九年）	2・400	1・362
万延小判	万延元年（一八六〇年）	0・880	0・500

秤量銀貨	鋳造開始期	千分中の銀含有量率
慶長丁銀・豆板銀	慶長六年（一六〇一年）	800・0
元禄丁銀・豆板銀	元禄八年（一六九五年）	640・0
宝永・二ツ宝丁銀・豆板銀	宝永三年六月（一七〇六年）	500・0

宝永・永字丁銀・豆板銀	宝永七年三月（一七一〇年）	400・0
宝永・三ツ宝丁銀・豆板銀	宝永七年四月（一七一〇年）	320・0
宝永・四ツ宝丁銀・豆板銀	正徳元年八月（一七一一年）	200・0
正徳・享保・丁銀・豆板銀	正徳四年（一七一四年）	800・0
元文・真文丁銀・豆板銀	元文元年（一七三六年）	460・0
明和・安永・五匁銀	明和二年（一七六五年）	460・0
文政・草文丁銀・豆板銀	文政三年（一八二〇年）	360・0
天保・保字丁銀・豆板銀	天保八年（一八三七年）	260・0
嘉永／安政・政字丁銀・豆板銀	嘉永七年（一八五四年）	130・0

第四節　貨幣改鋳に対する批判

1　良貨・悪貨説

こうした金・銀の含有量を減じた貨幣の改鋳政策は、儒学者たちから批判を浴びた。代表的なのは先に挙げた新井白石である。含有量を落とした通貨を「悪貨」と呼んだ。現代でも何人かの人達は、良貨・悪貨という表現を使っている。しかし経済学的に言えば、良・悪という道徳的な価値判断はそれ自体には存在しない。学問に価値判断を直接先験的に持ち込んでしまうことであり、また実態的にも、そうした批判は、誤解を招く恐れがある。その前提となる世界観の問題であろう。しかしただ単に経済学的に合理的であれば世の中はすむという話ではないことも明らかである。こうした倫理的な捉え方は、イスラム教や中世キリスト教の利子不正観にも通じるものかも知れない。また他方において、先のクナップが批判した貨幣金属説に基づく見方でもある。目的とする効果は何か、何を第一に考えるべきかということが問われる。それは再びどのような世界を理想とするのかにかかっている。

良貨・悪貨説の際、多く引用されるのは、グレシャムの「悪貨は良貨を駆逐する」という法則である。確かに徳川幕府においても金貨や銀貨が輸出されることはあったが、幕府に管理された下でのことであり、鎖国状態にある日本において良貨を市場から駆逐するためには、理論的に考えると貯蓄率の上昇などを想定せねばならず、無理がある。また加えて、旧通貨にプレミアムを付けて新通貨と両替する（増歩）とともに、市中での流通を同じ一両としたこと、旧貨の流通を禁止したことなどから、残された途として自ら旧貨を溶解して模造することは理屈の上では考えられないことではない。しかし実態的には容易ではなかったものと見られる。グレシャムの法則は、特殊状況下で一時的に発生したかもしれないが、普遍的に生じるものではなかったと考えられる。

歴史的に見れば日本では、中世から撰銭令《えりぜにれい》というものが何度も為政者から出されていたのは、通貨の流通量を減らさないように、反対に悪質な私鋳銭や粗悪な輸入銭などといえども排除しないように命じるものであった。そうしなければ通貨流通量が減ってしまうからである。

貨幣改鋳を積極的におこない実績を挙げた、先に述べた荻原重秀は、六代将軍家宣に受け入れられるが、新井白石の執拗な追い落としにより、最終的に排除され不幸な晩年に終わる。

しかし通貨政策としては、手持ちの金銀が増加しない限り、通貨の質を維持しながら、通貨供給量を増やすことは不可能であった。従って、貨幣の増発を悪貨と呼ぶか、呼ばないのかは、儒学者たちと、実務家たちとの間で意見に大きくへだたりがあり、見方は二つに分かれる。それはまた、現代においても学者の間でも二つに分かれている。悪貨説に属するのは比較的歴史学者に多く、後者に属するのは経済学者に多い傾向にあるように見受けられる。現代の経済学には、ハイパー・インフレーションを誘発するリスクのある貨幣の異常増発以外には、悪貨という言葉は存在しない。もっとも、金本位制ですらない現代の管理通貨制度の下では、国家の徴税権や信用力そのものが通貨発行権の基礎となっており、国家に対する信用力が金・銀の代わりになっていると言えよう。まさに先に示したクナップの言説に従うものである。国家に対する信用、信頼がどこまで維持されるかにかかっている。国民が自国の通貨を信用しなくなったとき、その国の通貨制度は崩壊する。例えば、他国の強い安定した通貨や金や土地などへの逃避である。

前節でも引用した荻生徂徠は、『政談』の巻二において、「金銀の数量が減少したこと」と題して以下のようにのべている。

「……もともと礼法の制度のない世の中で、金さえあれば何でもできるというところから、世の中の風習がだんだん贅沢になった結果である。世の中が全部こういう風になったので、貨幣が不足して、物価が上がっているのである。

……（荻原近江守重秀の）意見により元禄の金銀改鋳が実施され、お蔵にも金銀が充満した。ところがまもなく、元禄十六年（一七〇三）の大地震があって、その金銀も土木建築のために支出され、それが民間に広まって、民間に流通する金銀がさらに多くなったため、人々はますます贅沢になり、商人はいよいよ利益を得て、……田舎のすみずみにまで商人が行きわたったのは、私の記憶でも元禄以後のことである。」

（荻生徂徠著、尾藤正英抄訳『荻生徂徠「政説」』講談社）

徂徠は、貨幣数量が減って、デフレ経済になることを、その当時の時代状況を考えると、上手く捉えている。加えて、前述の荻原の元禄の金銀通貨の改鋳政策を論じて、大地震のための政府の災害対策に伴う財政出動が、民間の経済活動を刺激し、田舎の隅々に至るまで商人の手により貨幣が行きわたった点にまで展開しているのは、興味深い捉え方であり、理解である。

徂徠は、貨幣が田舎にまで行きわたり、それが昔と比べて、贅沢を呼び起こしている原因であると言っている。通貨の浸透が諸事贅沢を生み出していると見ている。ここから質素倹約という捉え方が導きだされるのだろう。聡明な徂徠でさえ、残念ながら、儒学という枠に縛られて、こうした状況の認識、処方には限界があった。時代的な制約を考慮するならば、経済発展という概念が無いためにやむを得ない面がある。しかしそうした限界はあるものの、徂徠の社会現象をとらえる目には鋭いものがあり、経済循環、政府の投資効果にまで言が及ぶ捉え方は、評価に値するものである。

2　インフレ論

そしてまた、貨幣増発のたびによく言われるのは、増発によりインフレが発生するという議論である。米を中心とする生産物の供給が逓増するなかで、通貨の発行量を減少させる、もしくは一定量にとどめてしまうと、生産物と通貨の関係は、通貨量の相対的比率の低下からデフレになってしまう。これは理論的に正しいし、常識的でもある。一単位の商品に割り当てられる通貨は、相対的に少なくなるからである。

それではこの状態を元に戻した、回復させた場合もインフレと呼ぶのであろうか？　通貨の増発により直ちにインフレになるという議論は、慎重に考えてみる必要があるだろう。実際には、各種の商品が市場に存在し、各商品に対する需要は区々であり、価格が上がるものもあり、上がらないものもあるだろう。全体としては幾分かの時間的な遅れをもって、平均として若干の上昇となるのが一般的かと思われる。しかしインフレになったからと言って、それで事が終わる話ではない。政策目標は、低落していく米価を引き上げ、かっての水準に近づけることが第一であったはずである。

そこで経済学の見方が必要になってくる。これを実証的に検証した計量経済史学者の新保博と斎藤修は、『近代成長の胎動』という書のなかで、以下のように述べている。

「一八一〇年代後半以降の局面における物価上昇の十年率〔一〇年間を単位とした成長率〕一二％は、貨幣流通量の伸び一五・七％に —— 完全にとは言えないが —— 対応している。これにたいし、十八世紀の局面では事情が若干異なっている。すなわち、物価の変動はほぼゼロであったが、貨幣流通量はある程度増加しているのである。もっとも、この増加のかなりの部分は元文改鋳（一七三六年）と田沼期の計数銀貨の鋳造によるものであって、この一世紀の間に着実に、安定したテンポで貨幣供給が拡大したわけではない。しかしこれらの増大がそのまま物価上昇にはねかえることなく、増加する貨幣需要によって吸収されたということは確からしい。……その背後には幾ばくかの産出量拡大もあったと想像されるのである。」

（新保博／斎藤修『近代成長の胎動』概説より、〔　〕は著者注）

十八世紀の貨幣の流通量の増加は、元文の改鋳（元文元年・一七三六年）と後の章で述べる田沼意次の時代の計数銀貨（定位通貨）、即ち南鐐二朱銀の鋳造によるものが大きく働いており、それらは、経済活動から生まれてくる新たな貨幣需要の増加により、物価にそれほど影響を与えないで吸収されたとしている。そして十九世紀前半の文政期における貨幣の増発は、物価の上昇を吸収し、それを上回って成長に結びついたことを明らかにしている。彼等のこうした分析は、「徳川後期におけるインフレ的成長論」と呼ばれている。文政期には、より一層明確に成長が統計的に見て取れることを実証している。

また同書の「物価とマクロ経済の変動」の項において、宮本又郎は、元禄の改鋳、南鐐二朱銀発行、文政の改鋳の当時は、物価が停滞し、貨幣不足が経済発展を制約していた状況にあった為で、マクロ経済政策として有効であり、時機を得たものであったと前向きに評価している。宮本は、物価上昇は、長期的には経済発展により吸収されてしまうもので、一時的に上昇したものの、物価は低下していったと見ており、貨幣の増発を積極的に評価している。

こうしたマクロ計量経済史学者たちの統計を重視した見方は、従来の単なる含有量を落とした貨幣の増発、即、悪貨であり、インフレをもたらす、という素朴な見方を否定し、実証的な、より実態の解明に寄与するものである。また安易に、悪貨説を肯定しようとする捉え方は、その時代のおかれた状況を考慮しない主張にも見える。しかも金山・銀山が枯渇・衰退していく状況下において、成長通貨は不要であり、戦国時代の貧困状態に戻ることを理想とするというのは、今風に言えば、当然受け入れ難いものである。そしてその後に控える、アジアに対する欧米列強の進出にも全く耐えられないものになっていただろう。

第五節　自立してゆく領国の経済空間と広域経済空間

通貨発行権は幕府に一元化されたが、生産の空間は、それぞれ地域ごとの藩の独占的な支配のもとにあった。米以外の生産物に関しても、藩の専売体制下にあり、藩の独占的利潤を生みだしていた。大石慎三郎は、先に引用した『江戸時代』のなかで次のように書いている。

「幕末段階に大名家は二六六家あったが、……五〇万石以上の大大名七家（2・6％）にたいし、五万石以下の小大名が実に一六六家（62・2％）もあった。もちろんこの五万石以下の一六六家のなかにも、ぎりぎり一万石のものからはじまって五万石までさまざまあるのだが、おおざっぱにいって彼らの領地は他藩に抜きんでる特産物を育てるほどの領地をもっておらず、また領地もおおむねばらばらに散っていて一地域の流通を完全に掌握するという体制をとり得ないといってよかった。したがって専売制を有効に施行し得たのは最低五万石以上の大名ということになるが、彼らのなかにも立地条件、領地の散らばりかたなどから、専売制施行は最初から無理だというものがかなりあったはずである。……」

（大石慎三郎『江戸時代』）

大石は、飛地の無い一カ所にまとまった五万石以上の土地がある場合のみ、そこに自立した藩の専売事業を経営することが可能となるとしている。藩の領内に小さいながらも自立した経済空間が形成されることになる。しかしそれ以下の中小藩では、周囲の大藩の経済への従属や他の中小藩との経済活動の連携が必要になり、自立した専売事業における領国経営は難しいとしている。ここで大藩と言われる領国大名は、表高で加賀前田家百二万五千石、薩摩島津家七十二万石、陸奥伊達家六十二万石、肥後細川家五十四万石、筑前黒田家四十七万石、安芸浅野家四十二万石、長門・周防毛利家三十六万九千石などがあり、さらには、肥前鍋島家、因幡・伯耆池田家、伊勢・伊賀藤堂家、阿波・淡路蜂須賀家、土佐山内家等々主として外様の領国大名である。これに加えて、徳川御三家や親藩の越前や会津などが挙げられる。こうした大藩は、彼らの経済空間の存在のみならず、政治空間において、軍兵も多く、軍事力が重要になる幕末において再び存在感を強くする。政治空間における規模の違いは大きかった。政治空間における規模の差は、再び経済空間における差となり、譜代大名を主とする中小の大名は、経済空間において自立してゆくことは必ずしも容易ではなかった。

一方幕府には、四百万石を超えると言われる天領があり、各所に代官を置き、直轄して経営を行っていた。そしてこの天領からの年貢を主要な財源として、天変地異による災害、河川工事、干拓などについても、それぞれ大名に対して御手伝い普請を命じるなどして、自らの負担を薄めながら、天下を治める者として、天領地以外でも日本全体に対する支配から必要とされる財政負担を負っていた。

幕府と各藩の領地は、生産物の増加、多様化が進展するのとならんで、陸路・海路の交通・運輸体系が全国的に展開した結果、とりわけ大藩の領国においてそれぞれ独立した「孤立国」とも呼べる大藩の領国経済空間が形成されるとともに、この空間は、全国を包む商品の物流通システムの発展を軸にネットワーク化して、日本全体を覆うより大きな広域経済空間が一方で形成されるという実態的に二重構造の経済空間になっていたと考えることが出来る。

更に複雑なことに、日本全体を覆う広域経済空間において、生産物の売買の見合いとなる通貨の世界は、先に述べたように、二つの貨幣空間に分かれて存在していた。大坂を中心とする、目方を取引単位とする秤量銀貨が流通する「銀遣い」の貨幣空間と、江戸を中心とする、額面を単位として通用する定位通貨である金貨が流通する「金遣い」の貨幣空間とである。流通する範囲は、主に関西以西の西国が「銀遣い」であり、関東以北の東国の地域が「金遣い」に分かれていた。しかも金貨・銀貨の質的な違いのみならず、使われ方も異なって存在していた。

この違いは、戦国の戦の時代が過ぎ去り、世の中が落ち着いてくるに従い、各地の経済生産が活発化し、同時に交通手段が全国的に効率化して展開していくにつれて、日本の経済空間が融合・統一化の方向に進んでいく際に、「金遣い」、「銀遣い」の世界として、真っ二つに分かれて貨幣空間が存在していることが、次第に問題となってくる。通貨発行権を有する幕府の統治する国内でありながらも、一元化されておらず、いわば外国との取引と同じように、通貨間の両替という経済的に余分な手間・ひま、コストを発生させるものでもあった。

表向き幕府は、一両は銀五十匁、六十匁と取り決めて通達はしていたものの、現実には、経済発展とともに、さらには海外市場の影響を受け、両替商の下で金貨・銀貨の交換率が、外国為替同様に相場として成立していた。それは、「金遣い」、「銀遣い」の空間をまたぐ大坂と江戸の間のみならず、全国的な取引にまで影響を与えていた。これは領国間でも負担となるものであるが、また他方において幕府としても通貨を発行するたびに、金貨と銀貨を、相場を考慮しながら発行する必要性を絶えず抱えていたことを意味した。含有量を落として金貨の発行量を増やしても、銀貨がそのままでは相場に裁定作用が働いてしまうことになる。つまり銀貨の金貨に対する相対的価値は、上昇してしまう。銀貨の含有量も同時に変更する必要があるために、交換比を考慮して銀貨も発行しなくてはならない。そのうえ決済される商品は、場所によって両替率が変動する。幕府の意図とは関係なく市中では、相場が立ってしまう状況にあった。東西の貨幣空間が一つに統合されるには、まだ時間と工夫が必要であった。

貨幣空間は、幕府の権力に基づく政治空間と、平和の世の中で次第に経済発展していく経済空間との二つの空間を繋ぐものであったが、ここでは実体的に金貨と銀貨の二つの世界に分かれていた。

第三章　十代将軍家治と田沼時代の水野忠友

貨幣空間は、前章でもふれたように徳川幕府のもとで「金遣い」、「銀遣い」という二つの空間に分かれて並存していた。そこでこれら二つの空間の統合に働いた幕閣たちがいた。この貨幣空間の統合の流れは、実務的には荻原重秀をはじめとする勘定奉行たちの働きがあったが、荻原重秀の失脚ののち官僚システムは強化、体系化され、勘定奉行たちの独断専行の途はふさがれていた。従って表向きの幕閣、老中・若年寄たちの責任も重くなっていった。それまではともすれば幕府としての政策決定として実行されていく過程が軽視されて、個人に焦点が集まり、組織としての行動という視点が疎かになりがちであった。それが「正徳の治」の時代の反省でもあった。政策に移すためには、老中・若年寄たちの承認、決定がなくては、実施されることはなくなった。

第二章で述べた貨幣の増加の必要性は、貨幣の改鋳という形をとって実施された。しかしこうした貨幣改鋳の流れには、改鋳による発行差益の収納を主としながら、通貨統合という側面が存在していた。だが、経済史家の議論の多くは、発行差益による幕府財政の改善に向けた貨幣の改鋳に集中している。後者の通貨統合の問題について、これまでも一部では折に触れ指摘され、論じられながらも、今一つ統合に対する明確なイメージが結ばれていない印象がある。

第一節　勝手掛を務め続ける水野忠友の生い立ち

江戸時代の通貨統合のなかで中心になるのは、水野家の幕閣たちであった。そもそも水野家は、戦国時代末期、歴史の表に登場する。取り分け徳川家康の生母〝於大の方〟の生家として知られている。於大の父親水野忠政も当時十万石を有し、その二代目嫡男信元（於大の兄）の時代には二十数万石といわれたそれなりの実力者であった。於大の弟たちも徳川方に組して働いた。一族は、江戸時代になると幾つかの大名家となっていた。松本、福山、岡崎、さらには、安中、三河が与えられた。しかし幕府の体制が整うのと並行して、その多くは改易につぐ改易を受けた。すでに開府早々、慶長十四年（一六〇九年）には三河藩が、寛文七年（一六六七年）には安中藩が、元禄十一年（一六九八年）には福山藩が、そして享保十年（一七二五年）には松本藩が改易となっていた。

無傷で残っていたのは、岡崎藩と松本藩からすでに万治二年（一六五九年）に分知を受け独立していた安房北条藩（のち鶴牧藩一万五千石）のみであった。加えて改易を受けながらも辛うじて一万石の小大名として残された福山藩の後継、西谷《にしやち》藩（のち結城藩一万八千石）があった。この他には、直参ではないが、改易された安中藩主の弟筋にあたる水野重央が、紀州徳川家の附家老となって、新宮藩三万五千石を受けていた。

このなかで松本藩七万石の改易は、享保十年（一七二五年）、江戸城における殿中沙汰が原因であった。浅野内匠頭の事件の扱いに対する反省もあり、幕府では慎重な扱いとなったという。また幸運なことに当時の幕閣の中心には水野家一族がかかわっていた。まず筆頭は、徳川吉宗下の老中首座が同族の岡崎藩主水野忠之《ただゆき》であり、忠之は若年寄時代、かの浅野事件の浪士たちを丁重に扱い、世上の評判をあげていた。また松本家から分かれた無城大名で若年寄であった水野忠定《たださだ》は、松本本家水野家の御家断絶を回避すべく奔走した。

その結果として、松本水野家の処分は、二つの旗本家と分家北条藩の立藩となった。即ち、旗本七千石として家名を継いだ七代忠穀《ただよし》、第四代藩主の忠周《ただちか》の弟である。そしてすでに三代藩主忠直のとき分知を受けていた忠穀の兄にあたる忠照（従って忠周の弟）の二千石直参旗本への取り立て、そして松本藩主二代目忠職《ただもと》の時に分知をうけ、独立して若年寄となっていた水野忠定は、無城大名から安房北条藩の立藩となった（のちに、鶴牧水野家となるが、この水野家からは以降も幕末に至るまで代々若年寄を輩出し続けた）。

改易された松本藩水野家七代目の旗本水野忠毅の子、すなわち八代目忠友は、江戸城の西丸に九歳から出仕して、十代将軍となる徳川家治のお伽衆に加わった。この時、小姓組の十二歳先輩には田沼意次がいた。意次のあとを追い、ともに出世を重ね、田沼意次が側用人になった明和四年（一七六七年）頃から、いわゆる田沼時代が徐々にその色彩を表していった。後で述べるように、田沼政権下、水野忠友は、晴れて一万三千石の大名に復活し、のちに更に七千石、一万石と加増され三万石となり、勝手掛老中として田沼の政策を老中首座松平康福とともに実質的に支えた。

小説家佐藤雅美によれば、田沼意次の時代といわれる期間、将軍家定の日光東照宮参詣と印旛沼の干拓以外は、全て勝手掛であった水野忠友の手になると書いている（佐藤雅美『将軍たちの金庫番』）。勿論意次の了解を取ってのことであろうが、田沼の政策を支えるブレーンとして大きく忠友は係わっていたことは、勝手掛という立場から想像に難くない。加えて言えば、田沼意次も忠友も側用人として奥向きに顔が利き、表でも老中として実質的にも中心にいた二人であった。

そこには、いわゆる田沼時代と呼ばれる、時代の変化を捉えた、前例にとらわれない新しい取り組みを示す政策が多くあった。米作り一筋の農業から、多様化、商業化、新地開拓など新しい流れを取り込もうとするものであった。
歴史家深谷克己によれば、そのなかでも田沼意次に象徴される、商業に新たに焦点をあてた「商業革命」ともいうべき政策転換は、その改革の正当性を将軍の「上意」という形式で打ち出すことにより実行され、この方法がのちに明治維新の時の手法を先取りするものであるという以下の評価が与えられている。

「……積極的な改革の正当性を『上意（じょうい）』の形で押し出すのは、実は明治維新の実現のされ方『公論型官僚制と上意尊重の同居』を予兆するものであった。」

（深谷克己『田沼意次』）

それはまた、歴史家大石慎三郎が『将軍と側用人の政治』のなかで指摘しているように、五代将軍綱吉時代の柳沢吉保や六代将軍家宣時代の間部詮房など側用人を重用する流れからの転換期でもあった。
田沼意次と水野忠友の二人は、片や足軽からのし上がってきた実力者、片や大名生活を知らず、幼少の頃より旗本の子として西丸勤めで育った人物であり、ともに家柄に頼れる育ちではなかった。親藩・譜代大名がひしめく江戸城内で、出自、家柄に必ずしも頼れない人達であった。そのため、将軍の権威を重視し頼る傾向にあったことは否めないだろう。大石の言う側用人出身者が表に出て実権を持った最後の時代であった。

水野忠友は、目立たない地味な人柄とも見えるが、田沼意次政権の中心的な人物であり、田沼政権の副総裁とも言うべき地位にあった。忠友の役割は、財政などを扱う勝手掛という重要な地位にほぼ一貫して就いていたことにある。田沼意次が老中格になったときも、水野忠友は、単なる若年寄ではなく、勝手掛若年寄という、皆無ではないがあまり聞かれないポジションに就いた。明和五年（一七六八年）から安永六年（一七七七年）に至るまで九年間である。以降、忠友は老中格、老中と足掛け十七年、勝手掛を務め続けた。仕事は毎日屋敷に持ち帰ってまでこなしたと言われる。

忠友の勝手掛若年寄の間に行われた田沼意次の企画と言われる将軍家治の日光東照宮参詣は、徳川吉宗の時代以降、ほぼ半世紀を経た、久方ぶりのものであった。過去に日光東照宮参詣は、秀忠が四回、家光が十回、家綱が一回、吉宗が一回催行したが、後には家慶《いえよし》の一回のみである。そのために水野忠友は、勝手掛若年寄として倹約令を出して費用捻出に努めた。日光東照宮への参詣ののち、出世して四年間側用人を勤めたあと、さらに出世を重ね、またまた勝手掛老中格《かく》として四年間働いた。そして天明五年（一七八五年）から七年まで、今度は正式の勝手掛老中として田沼政権を支えた。この間忠友は二度にわたり加増を受け、最初は大浜（現愛知県碧南市）に陣屋を持つ大名になり、のちには沼津の地に築城することが許された。四十年間にわたる忠毅・忠友という親子二代の旗本時代の努力が実り、再び城持ち大名に復活することが出来た。自分の城を持つには最低二万石の所領を持つことが原則であった。ついには三万石にまでなった。名実ともに水野家総本家としての地位を回復することができた。

そもそも江戸時代になってから改易された大名は、百六十八家あり、その内訳は、断絶した家が約六割の九十六家、旗本への格下げが三割の五十三家、大幅に減封されたもの十六家、幸運にも減封されずに残ったものは、三家だけである。こうした中で譜代大名から旗本に落とされながら、大名へ復活し、まして老中にまで上り詰めたのは、この水野忠友の松本――沼津水野家だけである。この復活には、田沼意次が大きく関係していたのはすでに見た通りである。意次とは不即不離で忠実に従い、ともに小姓から出世したのが忠友であった。

第二節　盟友田沼意次と水野忠友

田沼意次は、享保四年（一七一九年）の生まれで、水野忠友は同じ享保十六年（一七三一年）の誕生だが、干支で一回りの年齢差である。将軍の世子の小姓には、享保十九年（一七三四年）に田沼意次が徳川家重の、そして水野忠友が徳川家治の小姓になったのは、元文四年（一七三九年）であった。以降二人は、ほぼ十年前後の違いで昇進、加増を受けている。新将軍について御用取次側衆になったのが、意次は宝暦元年（一七五一年）、忠友が宝暦十年（一七六〇年）であり、意次が大名に昇格したのが宝暦八年（一七五八年）に一万石、忠友は明和二年（一七六五年）に一万三千石であった。さらに幕閣の奥向きの中心、側用人になったのが、意次は明和四年（一七六七年）五千石の加増を受け相良藩二万石、忠友は、その十年後の安永六年（一七七七年）に側用人になり、七千石の加増を受け同様に転封して沼津藩二万石の城持ち大名になっている。

表の体制である老中格になったのが、意次は明和六年（一七六九年）で、忠友は天明元年（一七八一年）、老中には意次の明和九年（一七七二年）に対して忠友は、天明五年（一七八五年）とほぼ同じ道を歩んでいる。しかし前節で述べたように、他の幕閣たちとはこうした昇進は異なっており、例外的なものであった。

この中で目立たないが、家重が九代将軍になった時、意次は、それまでの西丸から本丸へ新将軍に従って移動して、御側御用取次衆になっている。忠友は次代の世子家治に仕えていた。将軍が家治に変わった時、本来なら側衆を忠友と交代するのが順当と思われるが、交代せずに意次は留任し、忠友とともに家治の御側御用取次として仕えている。

こうした二人の江戸城内での経歴を見ると、二人は長年の盟友と言えるだろう。それまで側用人から老中になった者はいないようで、側用人で有名な柳沢吉保は老中格、同じく間部詮房も老中格止まりであった。城内の譜代大名たちの反発を考えて、それまで老中に就くことはなかった。長年勝手掛老中首座は、松平武元が務めていた。勝手掛若年寄には忠友がしばらく就き、一方で末席の老中意次と意志疎通をはかりながら、他方で勝手掛老中首座の武元とも良好な関係を保った。松平武元の死後あとを継いだ松平輝高も二年足らずの短い間だが勝手掛老中首座にあり、側用人に昇進していた忠友は、老中の意次とも歩調を合わせ、そつ無くこなしていたはずである。あまり人に嫌われない性格であったのかも知れない。更に輝高の死によって意次は、跡を老中首座に松平康福をたのむとともに、勝手掛を老中格（四年後老中）の水野忠友に託すという離れ業をやってのけた。本来ならば老中首座が勝手掛も兼務するのが大半であった。そのために康福には四年後に一万石加増をもって顔を立て、良好な関係の維持に努めている。もっとも康福とも意次は姻戚関係にあった。

水野忠友は、控えめな性格であったようで、長年の勝手掛としての仕事を自慢することなく田沼の顔を立て続けていた。松平康福も自己主張は強くなかったものと思われる。いずれにせよ田沼体制は、意次が評定所入りした九代将軍家重の宝暦八年（一七五八年）ころから始まっていると言われる。田沼時代は、大まかに言って三〇年弱続いたと見られる。

しかし松平定信により田沼意次が失脚した翌天明八年三月、水野忠友も職を解かれ、翌月四月には松平康福も解かれた。定信による「寛政の改革」は前年より始まっていた。この改革では、これまでの経済発展により世のすべてが派手になり、武士の生活もつられて贅沢を求める風潮になっていると捉えるものであった。従って、かつての状態を理想とし、質素倹約を求める復古主義的な見方が中心に存在していた。松平定信は、社会的な経済発展のない、経済学でいう成長の無い、年々歳々安定して生活が営なまれる「定常状態」を前提とする儒教的な世界を理想としていたように見える。

質素倹約の方針は、当事者の武士階級のみならず、商人、町人、農民までを巻き込んで実施された。武士階級はいざ知らず、庶民にとっては何ら見返りの無いものであったと言わざるを得ない。痛みのみを強制するため、当然不人気であった。

六年ののちの寛政五年（一七九三年）松平定信は、十一代将軍家斉の信を失い失脚した。あとに続いた老中首座松平信明などのいわゆる「寛政の遺老」と言われる時代の寛政八年（一七九六年）、すなわち定信が失脚してから三年ののち、水野忠友は、奇跡的にも再び西丸老中として復活を果たした。享和二年（一八〇二年）に死去するまで更に六年間勤めた。復活に際しては、温厚な性格と勝手掛として働いた実務能力・経験が買われ、忠友の持つノウハウが必要とされたためといわれている。忠友は、徳川家治のお伽衆として西丸に初めて出仕し、そしてまた徳川家慶付きの西丸老中として生涯を終えた。

第三節　勘定奉行川井久敬《ひさたか》の新機軸

時代は前後するが、田沼政権になって、最初の大きなイベントは、先に述べた安永五年（一七七六年）四月に行われた田沼意次の自らの発案と言われる将軍家治の日光東照宮参詣の実施であった。このために水野忠友は、勝手掛若年寄として五年間の倹約策を実施した。将軍の参詣は、八代将軍吉宗が行って以来、久しく行われていなかったもので、大きな企画であった。また十代将軍家治自身にとっても記念すべき出来事であった。翌年の安永六年四月には、田沼意次と水野忠友はともに七千石加増されている。もっとも忠友は同じ時期に側用人に昇進しており、田沼意次も側用人になった明和四年、五千石の加増を受けており、忠友の分は昇進の分も含まれていると思われる。

こうした政治的な企画とは別に、田沼時代の貨幣政策には新機軸とも言うべき新しい試みがなされている。田沼意次は、自分の出身でもある紀州派の人材から、勘定奉行石谷清昌、勘定吟味役川井久敬《ひさたか》、勘定組頭松本秀持などの財政を担当する経済官僚を抜擢していた。一方、水野忠友は、十代将軍家治の御用取次側衆から次第に財務官僚の色彩を強くしていった。勝手掛若年寄に昇進した水野忠友は、同じく勝手掛老中首座にある松平武元を巻き込んで貨幣の新鋳・改鋳を積極的に進めた。

かつて荻原重秀が元禄並びに宝永の金貨・銀貨の改鋳をおこなった頃は、老中・若年寄の手を通すこともなく実施されることもあったようで、歴史家藤田覚は『勘定奉行の江戸時代』という書のなかで次のように書いている。

「……元禄時代から正徳二年頃は、老中や若年寄が責任を持ち、勘定所・勘定奉行が幕府財政運営の実務を組織的に遂行する、という仕組みではなかったらしい。……〔勘定吟味役という役職は、〕正徳二年（一七一二年）七月に復活させた。この復活は、荻原重秀の罷免と密接に関連していた。また元禄十一年に、若年寄にも財政を担当する勝手方をおいて、監督を強化した。」

（藤田覚『勘定奉行の江戸時代』）

田沼政権下での貨幣政策に関して、田沼意次に抜擢された勘定吟味役川井久敬は、貨幣思想史的には、荻原に劣らず、いやそれ以上に評価されてしかるべき人物である。

通貨に関してそれまでになかった新機軸を打ち出したアイディアマンであった。

川井は、金貨・銀貨さらには銭貨の改鋳のみならず、西日本で多く使用されていた秤量銀貨の体系を額面で通用する定位通貨の体系に切り替えようと試みた。まず、銀貨をいちいち秤量する（計量する）ことを省略するために定量の額面通貨を新しく鋳造することを考えた。金貨の補助貨幣として直接位置づけるべく、明和二年（一七六五年）五匁という量目のみを表示をする銀貨の発行にたどり着いた。通貨の表に五匁と表示をすることにより、秤量が不要とする銀貨を試みた。

残念ながら日本の貨幣空間において、この試みに対して市中一般ではまだ馴れておらず不人気であった。また両替商からも両替手数料がとれなくなるなどの理由で忌避されたため、不首尾に終わってしまった。

だが川井は、これに懲りず、明和五年（一七六八年）に単位表示のない真鍮四文銭を発行した。それまでの寛永通宝はみな一文銭であったので、一回り大きく作られた真鍮の四文銭は目新しいものであった。市中では裏面が波文様であったことから波銭と呼ばれ好評であった。おなじ寛永通宝でも価値の異なったものが発行可能であることに新しい手応えを得た。その四年後の明和九年（一七七二年）、さらに画期的な献策をはかった。勝手掛若年寄水野忠友の目にとまり、立場上中心になって吟味し、川井の策を実行に移した。それは、貨幣の表面に目方を全く表示しない、八枚で一両とのみ表記した南鐐二朱銀の発行であった。川井は前年の明和八年には勘定奉行に進んでいた。この川井のアイディアは、結果的に金貨体系のなかに銀貨を定位貨幣・補助貨幣として積極的に取り込もうとするものであった。これまでの重さに基づく秤量貨幣とは全く異質な銀貨であった。

当時の欧州の最先進国大英帝国が、イングランドバンクにおいて金本位制を採用して、金以外は補助通貨とする制度が完成したのが一八一六年であることを考えると、それに先立つ三十年以上も前に、通貨において日本が最先端の試みをしていたことになる。もちろん、まだ秤量銀貨である丁銀や豆板銀も残されていたし、経済を理解できない儒学者や儒学を信奉する大名たちからの批判は残った。幕府は、余計な摩擦を避け、実質的な普及を優先させるために、この新しい考えをいたずらに公言することなく、文政七年（一八二四年）の文政南鐐二朱銀の積極的発行へと引き継がれていった。寛政の改革では、一旦鋳造が中断されたが、のち寛政十二年（一八〇〇年）には再開され、南鐐二朱銀は天保十三年（一八四二年）まで流通した。

歴史家田谷博吉は、『近世銀座の研究』において以下のように書いている。

「〔川井久敬は、〕明和二年二月廿五日に勘定吟味役に転じたとあるから、五匁銀の鋳造の建策はかれが、勘定吟味役に転じて間もない頃であった。……〔明和九年〕さきに失敗した五匁銀に新規の工夫を加えて、南鐐二朱銀を鋳造せしめた。」

「……明和五匁銀に新規の工夫を加えて現れた南鐐二朱銀は、銀貨にして金貨の単位を持った貨幣の最初であった。即ち『金代り通用の銀』（『御用留便覧』）であって、江戸時代の幣制に重大な変革を与えた。……五匁銀をも含めて明和・安永の幣制改革といっても、あえて不当ではないと考える。」

（田谷博吉『近世銀座の研究』〔 〕は著者の補記）

水野忠友は、田沼意次のあとを追い、宝暦十年（一七六〇年）御側御用取次となり、明和五年に勝手掛若年寄になっていたので、川井による明和二年の五匁銀の発行時には、奥向きの役職として多少とも関係したものと思われる。そして真鍮四文銭に続いて、日本の貨幣史上画期的な南鐐二朱銀を鋳造した時には、水野忠友は明和五年（一七六八年）より勝手掛若年寄になっており、先にも述べたように、幕府財政の改善に取り組んでいた。恐らく盟友の老中田沼意次の了解を取り付けたうえで、勝手掛老中首座であった松平武元とともに、川井のアイディアによる南鐐二朱銀の新鋳に取り掛かったものと思われる。老中首座松平武元は、長年老中職を務め続けており、温厚、バランスの取れた人物と思われる。何れにせよ松平武元と田沼意次の間を取り持っていたのは、勝手掛若年寄という立場にある水野忠友であり、中心となってこの案件に取り組んでいたものと思われる。

そこでまず前者の明和二年に発行された五匁銀について見てみよう。当時、それまで流通していた銀貨は、関西を中心に目方で取引する秤量通貨であった。これは大きさ、量目が一定しておらず、取引の都度秤にかけ量目を決める必要があった。前述のように川井は、その必要をなくすために五匁という表示を銀貨に与えたものを発行した。これは、幕府の信用を裏付けとして、取引の都度、秤で計る手間を省略することを目的とする試みであった。唐突な新貨の出現であり、幕府はどこまで信用されていたのだろうか。

五匁銀は、明和二年（一七六五年）に新規に発行され、五匁銀貨十二個で一両と等価とするもの、つまり理屈では、幕府の定めた銀貨六十匁を一両とする通達に沿うものであった。それはまた、同時に金貨である「両」建てを基軸とする「金遣い」の体系のなかに銀貨を組み入れることを試みるものでもあった。つまり、それまでの目方を基準とする秤量通貨である銀遣いの体系に対する合理化・統合化という意図を有していた。

しかしこの五匁銀貨に関して、実際に世間では、当時の幕府の通達による金一両は銀貨六十匁という交換比率で固定した金・銀両替相場（御定相場《おさだめそうば》）を受け入れることはなかった。交換率は市中では固定しておらず変動していた。残念ながら不慣れなこともあり実態的には不人気であり、あまり使われなかった。それが当時の五匁銀への世間の評価であった。恐らく理屈としては、幕府の信用を盾に、五匁と表記してあるので、再度秤量する必要はないとして、流通させようと考えたものであるが、斬新ではあっても、金貨と銀貨の両替相場が立っていた当時の社会に馴染みのないものであり、金・銀の両替で生計を立てている両替商たちも難色を示した。貨幣国定説を受け入れるには時間（歴史）が必要であった。

この反省を踏まえて、その七年後の明和九年に鋳造された南鐐二朱銀は、五匁銀のような量目の表示はなく、むしろ直接的に、八枚で金一両と交換とのみ通貨上に表記するものであった（「以南鐐八片換小判一両」）。南鐐二朱銀は、それまでの金貨の二朱金と同等とされ、銀貨でありながら小判の完全な補助通貨であり、銀製の金貨ということになる。約九八％が純銀であり、〇・三％程度金も含んでいた。それまでの貫・匁建ての「銀遣い」の体系とは全く異なるものであった。新しいものであり、どこまで市中に受け入れられるかが問題であった。

南鐐二朱銀は、人気のなかった五匁銀貨の反省の上に立ち、考えを更に一段進めて、銀貨の量目での勝負を避け、重量表示を無くすという思い切ったものにするとともに、金は少量ながら含ませる一方で、代わりに銀の純度をぎりぎりまで引き上げ、いかにも金代わりという色彩を持たせた。ここにおいて「銀遣い」を吸収し、「金遣い」の体系一本に貨幣空間を統合するための第一歩が踏み出された。それは、実質的に銀貨をこれまでの秤量通貨から完全に金貨に対する補助通貨へ転換させるものであった。

それまでは、日本の貨幣空間は、既に述べたように、関西の「銀遣い」の貨幣空間と関東の「金遣い」の貨幣空間との二つに分かれていた。この試みは、二つに分かれている貨幣空間を「金遣い」の空間に吸収・統合しようとするものであった。金・銀二つの貨幣空間の統合により、金貨・銀貨のあいだの両替を不要とし、大坂―江戸間をはじめ、全国的に流通の効率化をはかり、ひいては生産活動にも寄与させようとするものであった。結果は良好であった。先に取り上げたマクロ計量経済史家新保博は、同じ書のなかで、

「この南鐐2朱銀の新鋳によって、秤量銀貨の存在が否定されたわけではないが、『銀づかい』経済圏である上方でも、秤量銀貨は一般的交換手段として流通することがまれになり、計数貨幣が一般に授受されるようになった。2朱銀は基本通貨としての地位を占め、しかもその流通量は年を追うて増大し、19世紀初頭には総貨幣流通量の二割をこえている。これらの点を考慮すれば、事実上の『両』金本位制が成立した

とみてよいと思われる。」

（新保博『近世の物価と経済発展――前工業化社会への数量的接近』）

だがこうした試みも、意次・忠友が親しく仕えていた将軍家治が逝去するや、十五歳の新将軍家斉を取り込んだ反動的な松平定信のクーデターが発生することにより吹き飛んでしまう。定信は、田沼意次が賄賂を横行させ、風紀を紊乱する風潮を創り出したと言いがかりとも言える批判をし、時代の変化について行けない家柄のみに拘る譜代大名たちの支持をバックに、復古主義を基本とする支出削減策を積極的に行い、財政収支を改善しようと試みた。

田沼意次と言えば賄賂というこれまでのイメージは、歴史家大石慎三郎に言わせれば、明治時代の官学歴史派のなせるものであり、とりわけ大正時代に歴史家辻善之助の『田沼時代』という書に責任があると批判している。この書において、辻の取り上げた田沼意次の評判を貶める証拠とされた原資料は、全て後から間接的に側聞したものばかりであり、その時代を実際に本人が体験したものは一つもなく、歴史的な検証に堪えないものばかりであると断定している。

「……田沼意次の悪事・悪評なるものを総まとめにして世間に周知させたのが、辻善之助氏の『田沼時代』という著名な著書である（大正14年刊行……岩波文庫に収録）。……、その内容は江戸時代に書かれたものと、辻善之助氏の手になるものとの二つに分れる。しかしそのどれもが、作為された悪事・悪評だというのが私の説であるので、以下のその点を簡単に述べてみよう。……」

（大石慎三郎『田沼意次の時代』）

大石は、結論として、辻によって述べられたものは、実証に堪えるものは一つとしてなく、そこに語られた全ては、ためにする議論であると結論した。その背景には、かつて老中田沼意次により白川藩松平家に養子に出され、将軍になり損ねた定信の根深い執拗な恨みがあったとする大石慎三郎の説には説得力がある。

従って、田沼意次の賄賂説には、全く信憑性はないうえに、近年、経済学寄りの歴史家からは、むしろ江戸時代に新しい風を吹き込むイノベーターとして評価する向きが圧倒的に多くなってきている。田沼については、今や新しい時代の開拓者という捉え方が、主流となっている。この点、松平定信の経済政策は、時代の流れの変化を汲み取ることが出来なかった。通貨政策においても文政年間に至るまで新種通貨は発行されなかった。彼らは新貨の発行には自信がなかったのであろうか、新しい通貨の発行には、手を出さなかった。一時中断されたが、南鐐二朱銀は、寛政の遺老の時代にも発行され、文政南鐐二朱銀が発行されるまで五十年以上も使われた。実態的には通貨面では受け入れていたのである。市中は南鐐二朱銀にシフトしていった。

時代は前後するが、八代将軍吉宗の時代が終わると、いわゆる田沼時代がクローズアップされた。余談ではあるが、田沼政治を批判した松平定信のいわゆる「寛政の改革」の場合、田沼意次に対する個人的恨みを強力に打ち出し、復古主義を掲げたため、かえって庶民の生活を圧迫する形になってしまっていた。ただし、他方において、定信の清廉潔白を目指す為政者としての精神性は、のちの「天保の改革」の水野忠邦にまで影響を与えており、保守的な人たち、守旧的な譜代大名たちに根強い人気を与えていたのも事実である。翻って、儒教的な道徳に従い、自らを清く正しく律し、行動もこれに則り処し、上に立つ者の徳を示す必要があった。独善に走らず、自らを律する意志力が試された。

むしろ多くの儒学者は、経済発展、そしてその結果の社会の変化を捉えるという理解が不足しており、現実の庶民の状況に対して、苦労して出世してきた田沼意次や水野忠友が捉えたほどには、経済発展、社会変化を理解することも受け入れることも出来ず、結果的に単なる復古的な過去を理想とする傾向にあったと言えよう。

僅か六年間しか続かなかった「寛政の改革」の松平定信失脚に伴い、松平信明を中心とする、いわゆる「寛政の遺老」とも言われる時代が始まった。彼らは、定信の政策姿勢を引き継ぎ、二十三年にわたり変わらずに倹約を旨とする政策を維持し、支出を抑えることによってのみ財政の改善を図ろうと辛抱強く緊縮政策を守り続けた。

「寛政の遺老」の時代になって三年後の寛政八年（一七九六年）十一月に水野忠友は、老中として復活した。西丸老中という立場ではあったが、亡くなるまでの六年さらに働いた。人柄に加えて、勝手掛としての経験、とりわけ勘定方に対する知識などが重宝されたものと思われる。松平定信や松平信明からも忠友に相談があったという。

第四章　十一代将軍家斉と勝手掛老中首座水野忠成《ただあきら》

第一節　田沼政権の崩壊と水野家生き残り策

松平定信のクーデター的政変に際して、水野忠友は、政変に伴う粛正の嵐のなかを、多大な犠牲を払って潜り抜けようと試みた。田沼意次の失脚に伴い、松本──沼津水野家は、再び存亡の危機を迎える。忠友は、九歳から出仕し、勝手掛老中にまで昇進し、すでに田沼意次四男意正《おきまさ》を婿養子に迎え、次女八重姫と結婚させていた。意次失脚を知ると、忠友は直ちにこの婿養子の意正を離縁した。老中首座松平康福をはじめ、田沼と縁戚関係をもった数十の家はことごとく田沼家と縁を切ったという。ここで忠友は、一世一代の大勝負に出る。離縁した意正に代わって、将軍家斉の受けが良い、浜町水野家の末期養子となって、すでに嫡男までなしていた水野忠成《ただあきら》を娘八重姫の再婚の相手とした。田沼家の四男意正を離縁してからわずか二カ月後のことである。性格温厚と言われる忠友が、追い詰められ如何に必死であったかを窺わせる。

結果、忠成は本家の婿養子として跡を継ぎ、また浜町水野家に遺してきた子にも浜町の跡を取らせることとなった。この時点で、松本――沼津本家と分家の浜町水野家は、同じ忠成の血筋を受け継ぐこととなる。水野家の血筋という点では、ここに登場した八重姫によって両家は繋がっていると言える。

なお、この八重姫の墓碑は、家康の母於大の方の墓のある小石川伝通院の別院真珠院にある真珠院殿忠清公の墓所の一角に歴代の墓碑とともに納められている。また松本藩主時代の歴代六代の墓は、松本市玄向寺にも市の特別史跡として風格を保って残されている。

それでは婿養子として浜町水野家から迎えられた水野忠成《ただあきら》とはどのような人物であったのだろうか。忠成は、三千石取の旗本岡野知暁の次男として宝暦十二年（一七六二年）に生まれた。安政七年（一七七八年）には、かつて松本藩の改易に際して、二つ目の旗本として直参旗本に取り立てられた水野忠照が興した浜町水野家三代目の忠隣《ただちか》の末期養子として家督を相続し、十代将軍徳川家治に仕えていた。

水野忠成は、奥向きの御用取次を務め、頭痛持ちの十一代将軍家斉の頭痛をただ一人治せる特技まで持っていたといわれており、将軍家斉も側からはなさず、その信頼を圧倒的に得ている人物であった。

西丸老中として復活していた養父忠友が享和二年（一八〇二年）に亡くなると、忠成は直ちに若年寄に昇進、続いて側用人となり、さらに「寛政の遺老」の代表、老中首座松平信明が文化十三年（一八一六年）に息をひきとると、その跡を受けて、文化十四年（一八一七年）、まず老中格兼側用人に登用された。翌年には、勝手掛老中首座に就任、政権の中心となった。将軍家斉の厚い信任をバックに、以後足掛け十七年間にわたり幕政を取り仕切り続けた。

忠成が老中格となると同時に、唐津藩水野忠邦は、十代遡ると先祖は同じ徳川家康の母となる〝於大の方〟の兄弟という水野家の伝《つて》を辿って、かねてからの本人の強い願い通り、忠成による三方お国替えを通じて、浜松へ転封させてもらった。それまでの任地唐津には、長崎奉行があり、西の固めという重大な役割があり、また年収も表高の数倍はあるという恵まれた地でもあった。そのため唐津の地を離れることは難しく、それがために江戸での幕閣への出世に限界があったからである。忠邦は、天下を仕切ってみたいという願望を強く持っており、そのためには切腹して諫める家老の意見にも耳を貸さないという強引さを持っていた。忠成のもとで出世コースにのり、以後寺社奉行、大阪城代、京都所司代ととんとん拍子に昇進を重ね、文政十一年（一八二八年）には、ついに西丸老中に取り立てられた。

この間に驚いたことに、老中首座水野忠成《ただあきら》は、文政五年（一八二二年）、水野家を追い出された自分の妻八重姫の前夫であった田沼意正《おきまさ》（陸奥下村一万石）を、かつての田沼家の領地、相良《さがら》に戻すとともに、若年寄に据えた。やむを得ない措置とは言え、養父忠友の行った不義理に対して、これを償う行動に出た。水野家を追われ、以後二代にわたり跡取りが早世するという不運の重なっていた田沼家も救われ、面目を保つことが出来た。以後、田沼意正は、忠成の片腕となって働いた。この時すでに若年寄には、かつて松本藩時代に水野家から分かれた鶴牧藩主水野忠韶《ただてる》が長年勤めていた。忠邦が老中になってから忠成が亡くなるまでの七年間ではあったが、勝手掛老中首座に水野忠成、西丸老中には水野忠邦、若年寄には水野忠韶と同じく田沼意正と一族縁者のオンパレードであった。

忠成は、水野家一族の最盛期を創り出すとともに、次節で述べるように、通貨の改鋳による積極財政に打って出た。この幕府の財政支出の増加により、景気は拡大し、将軍家斉のもと、文化・文政期という町人文化の江戸時代最高の高揚期が生み出されていた。歴史家北島正元は、中央公論新社の『日本の歴史第18巻』において、忠成について、

「定信のように気負った信念的なところはないが、温厚で物分かりのよい苦労人の風格をもち、事務的な官僚大名の典型ともいうべき人物」

と描いている。ただ果たしてそれだけの単なる官僚であったのだろうか。表に立って目立つような人物ではなかったようであるが、気配りの出来る人物であり、庶民の動向にも配慮を怠らず、田沼意次の時代に続いて、再び自由でのびのびとした世の中が生み出されていった。

忠成に対して、前述のように将軍家斉の信頼は厚く、松平定信そして寛政の遺老たちによる倹約にうんざりしていた家斉の〝贅沢がしたい〟という願い、そして成人した二十人を超える家斉の子女の縁組が忠成に託された。水野忠成は、このいずれにも十分に応える実績を残している。前田家をはじめ十八人ともいわれる縁組を、外様大名、親藩・譜代大名に受け入れさせ、成立させ、子女の大半の落ち着き先を確保した。

しかしそのために必要な支度金・持参金などは、相当な額になったはずであるが、これらの多額の出費に対して、忠成は、必要な資金の工面を滞りなく行った。それまで通貨改悪論に拘り、じり貧になって赤字が積み上がり、展望の見えなかった幕府財政は、新たな局面を迎えた。

第二節　水野忠成の財政立て直し

水野忠成が老中に就任した時、「寛政の改革」以降、松平信明を中心とする「寛政の遺老」たちによる相次ぐ厳しい倹約にも拘わらず、幕府の貯えは、じりじりと減り続ける状況にあった。「天明の飢饉」が続くなか、田沼意次が失脚した時には、幕府の貯えは二百十万両あったが、松平定信の代にもまた天災は続き、取り分け天明六年の豪雨被害などが大きく響き、百三十万両の追加出費が発生していた。幕府貯えの残りは八十万両となっていた。そして以降、寛政の遺老と呼ばれた人たちによる倹約に次ぐ倹約を行ったにも拘わらず、じりじりと六十五万両にまでその貯えは減っていた。

こうした財政状況の下で跡を受けた勝手掛老中首座水野忠成は、思い切った貨幣改鋳による通貨の量的拡大政策をとり、積極的に財政再建に取り組んだ。田沼意次——水野忠友から三十数年ののち、水野忠成は、勝手掛老中首座の力を使い、一気に財政再建に挑んでいった。相次ぐ天災などにより勝手掛老中であった養父水野忠友が果たせなかったものである。通貨の金銀含有量を引き下げることにより、改鋳に伴う発行差益（出目）を発生させ、じり貧状態にあった幕府財政は、大きく好転した。積極策は成功し、手詰まり状態であった幕府の財政状況は、改善に向かっていった。それは、文化・文政の時代の繁栄を下支えするものであった。

その施策に関しては、先に述べたように、かつて田沼意次――水野忠友の時代に試みられた南鐐二朱銀の発行を含む、金貨・銀貨の改鋳という重要な先例が存在していた。まず忠成は、金貨体系のなかで、取引上使い勝手の良い、より低額の定位補助貨幣としての銀貨を増やして、次々と発行していった。それらは、「銀遣い」の世界で主として使われていた価格帯に照準を合わせたものであった。

具体的には、文政元年（一八一八年）の真文二分判、文政二年の草文小判と一分判、三年の草文丁銀並びに小玉銀、七年の文政南鐐二朱銀、一朱金、文政十一年の草文二分判と文政十二年の一朱銀である。元号が変わって天保三年には天保二朱金があり、小判、丁銀を除いて、いずれも少額化した実用的な通貨を中心に、立て続けに発行した。これらは、日常取引における高額取引への利便性を考慮したものであった。その結果、「貨幣の流通量は大幅に増大し、四〇％近く膨張しているのである」と前述の新保博は書いている。

そのなかでも取り分け中心になったものは、かつての田沼意次・水野忠友の時代の南鐐二朱銀に続く、文政南鐐二朱銀であった。これらは使い勝手の良さから人気があり、広く流通していった。こうして、それまで年々赤字状態にあった財政は、これらの発行に伴う金銀の含有量の引き下げによる新旧貨の発行差益（出目）のおかげで、発行の都度差益を生み出し、じり貧状態の幕府財政を一転させ、プラスに、つまり黒字に転換させることに成功した。歴史家田谷博吉の『近世銀座の研究』では、

「……まず金座関係では、文政元年より九年まで九カ年間の真文二分判、小判・一分判、二朱銀の総吹立高一、四七五万一、二二〇両であって、これによる改鋳益金一八四万八、五四〇両であった。即ち、一ヵ年平均二十万両余である。次に銀座関係では、……文政三年より天保六年七月までの十五カ年に上納した出目三八三万八、五六七両であった。即ち、一カ年平均二五万両余である。……かくて、文政期における金・銀両座からの上納金は、一ヵ年平均四、五十万両であったと見られる。」

（田谷博吉『近世銀座の研究』）

それは、二朱銀八枚、即ち、十六朱＝四分＝一両として、銀貨を定位補助通貨として再度位置づけを明確にするものであった。金貨に従属させることにより、金貨・銀貨の両替時の為替問題から逃れ、思い切って銀の含有量を引き下げることを可能にさせるものであった。つまりそれまでのように、金貨・銀貨の発行が、その都度金・銀の交換比率の相

場変動に煩わされることなく、発行差益を確実に得ることを可能にするものであった。

第三節　幕府財政状況の変化

それでは、改鋳の効果を吸収しつつ、幕府の財政状況はどのように変わったのであろうか。ここで「享保の改革」以降の財政収支の変化を見てみよう。徳川時代の前半期には、戦の無い平和な時代が訪れ、過去からの金銀の蓄積も潤沢にあった。金山は、早々に枯渇し始めたが、銀山はまだしばらく採鉱可能な時期が続き、元禄時代までは従来のやり方で何とか持続出来た。しかしそこまでであった。幕府の財政は、一方において金・銀の貯えを食いつぶしながら、税収は、次第に年貢一本に頼らざるを得なくなり、大名・武士階級の借金時代へと変容していった。

財政収支状況の表に従って、以下その変化を順に辿ってみよう。次頁の幕府財政表の(1)の吉宗の時代の前半期（老中首座水野忠之）は、幕府の押さえが利いており、享保の飢饉に対しても、各大名に強制する上米《あげまい》制の実施などで対応し、収入、支出ともにこぢんまりと安定していた。但し、この幕府の締め付けに対して世上の不満は徐々に高まっていた。そこで(2)の吉宗の後半の時代（老中首座松平乗邑）になると、「元文金銀の改鋳」

対象年次	将軍	平均歳入（単位千両）	平均歳出（単位千両）	収支平均（単位千両）	改革・改鋳・災害・対外事件等	担当幕閣
⑴ **1722～35年** **14年間平均** 享保の改革（前半期）	8代 吉宗 （18～	**平均1,423** 最高1,638 最低1,203	**平均1,276** 最高1,587 最低1,140	**平均167** 最高352 最低−134	24倹約令 /30堂島米市場公認 /30**宝永金発行** /30藩札解禁 **32【享保飢饉】**	勝手掛老中首座水野忠之（21～30）
⑵ **1736～55年** **20年間平均** 享保の改革（後半期）	～44） 9代 家重 （45～	**平均2,639** 最高3,231 最低2,149	**平均2,024** 最高2,414 最低1,551	**平均615** 最高912 最低104	36**元文金銀発行** /43関東大雨禍 /54久留米大一揆 /55奥羽宝暦の飢饉	勝手掛老中首座松平乗邑（30～45）
⑶ **1756～70年** **15年間平均** 田沼時代（前半期）	家重 ～60） 10代 家治 （60～	**平均2,755** 最高3,339 最低2,287	**平均2,338** 最高3,007 最低1,823	**平均437** 最高1,183 最低−130	52御蔭参（2百万人） /73目黒行人坂大火 /59藩札禁止 /65**明和五匁銀発行**	老中格田沼意次（68～72） /勝手掛若年寄水野忠友（68～77）
⑷ **1771～76年** **6年間平均** 田沼時代（好調期）	家治	**平均2,255** 最高2,530 最低1,660	**平均1,906** 最高2,041 最低1,660	**平均348** 最高618 最低74	76将軍日光参詣 /73**南鐐二朱銀発行** /74菱垣廻船株公認 73ロシア船蝦夷地来航	老中田沼意次（72～） /勝手掛若年寄・側用人水野忠友（75～81）
⑸ **1777～87年** **11年間平均** 田沼時代（後半期） 寛政の改革	家治 ～87）	**平均2,690** 最高3,058 最低2,430	**平均2,719** 最高3,344 最低2,258	**平均−29** 最高283 最低−386	**82~87** **【天明大飢饉】** /83岩木・浅間噴火 /86江戸大火・関東大水害 87～93寛政倹約令	老中田沼意次（～86） /勝手掛老中格・老中水野忠友（81～88） /86田沼意次老中失脚 /87老中首座松平定信

⑹ **1788〜1817年** **30年間平均** 寛政の改革と寛政の遺老時代（1787-1816）	11代 家斉 （87〜	**平均2,118** 最高2,839 最低1,506	**平均2,081** 最高2,379 最低1,530	**平均37** 最高700 最低-388	89棄捐令・囲米令・天明打ちこわし /92雲仙岳噴火 /94江戸大火・倹約令延長 /1802近畿・関東洪水/江戸芝大火 /07〜10江戸・大坂御用金令 1791長崎来航令 /1802レザノフ通商要求 /08フェートン号事件 /17英国浦賀来航	88水野忠友老中失脚 93松平定信老中失脚 /松平信明老中首座 /96水野忠友老中復活（1796〜1802）
⑺ **1818〜34年** **17年間平均** 水野忠成時代	家斉	**平均3,481** 最高5,371 最低2,460	**平均3,516** 最高5,567 最低2509	**平均-33** 最高364 最低-216	1818-20**文政改鋳** /24**文政南鐐二朱銀・一朱金** /30御蔭参（500万人） /31防長大一揆 /32江戸大火 **/33【天保大飢饉】** 24英国人常陸・薩摩上陸 /25異国船打ち払い令	勝手掛老中首座水野忠成（1817〜34） 老中水野忠邦（33〜）
⑻ **1835〜36年** **２年間平均**	家斉	**平均3,802** 最高3,847 最低3,756	**平均3,767** 最高3,875 最低3,658	**平均35** 最高189 最低-119	**1835天保通宝（当百）発行**	老中水野忠邦（〜36）

⑼ **1837〜42年** **６年間平均** 天保の改革	家斉〜38) 12代家慶(38〜53)	(平均2,439) 最高3,278 最低1,761	(平均2,182) 最高2,513 最低1,963	(平均257) 最高765 最低−203	1837大塩の乱・生田万の乱 /39蛮社の獄 /41倹約令 1873モリソン号事件 /40-42アヘン戦争・南京条約	勝手掛老中水野忠邦(37〜39) /39同老中首座（1839〜43) /失脚後同再任（1844〜45)

本表の歳入・歳出額は、新保博著『近世の物価と経済発展』(東洋経済新報社、1978)、pp. 70-71、「表2-12　幕府財政収支の動向」を用い、著者がトレンド的に期間を分け、平均値を算出し、並びに年額の最高値、最低値を記したものである。原資料は、『誠斎雑記』により、1837〜42年は「貨幣秘録」からで区別するために、(）で平均値を著した。

を実施し通貨量を増大させた結果、幕府の財政規模は、倍近くに増加していった。この傾向は、⑶の田沼時代前半期にも引き継がれ、支出額も若干の増加傾向にあったが、同じ田沼期である⑷の好調期、⑸の後半期においては、「天明の大飢饉」をはじめ天変地異、災害が打ち続き、また重なり、支出は否応なしに増加せざるを得なかった。いよいよ赤字体質になっていった。

そして質素倹約を旨とする松平定信の寛政の改革の時代となり、それを引き継ぐ寛政の遺老達の政策により、⑹に見られるように財政規模は、収入・支出とも三割を超えて縮小した。

こうした状況の下で、水野忠成の登場となる。家斉の絶対的信頼の下に、ほぼ十七年にわたり政権を担うなかで、⑺に見られるように財政規模は、収支ともに七割以上の増加となって現れる。勝手掛老中首座水野忠成は、田沼意次・水野忠友の政策を継承するとともに、一段と思い切った積極的な財政政策・通貨政策を実施していたことが分かる。

この背景には、すでに述べたように、二十五年にわたる、寛政の改革・寛政の遺老たちの倹約の掛け声にも拘わらず、幕府御用金は年々減少していった事情があった。じり貧状態にある幕府財政の現状に際して、新たに取り立てられた新進の勘定奉行服部貞勝、古川氏清の献策に基づき、水野忠成は、積極的な改鋳政策に踏み切った。時代の流れは、門閥に捉われない才能のある人たちが幕府でも、市中でも活躍しはじめた。田沼時代に続いて、再び革新的な新しい風が吹き始めた。

忠成の跡を継いだ水野忠邦は、「天保の大飢饉」があり再び財政が逼迫したことから、一斉に新鋳・改鋳を行い、収支ともに高水準は続いた。

第五章　忠成の貨幣空間の統合

第一節　新しい時代の通貨政策とその成果

商品の流通に関しては、江戸開府以来多くの物品が大坂に集まり、大坂は物流の中心であった。しかし日本沿岸の海運の発達により、十七世紀以降、次第に物流も、江戸をはじめとする消費地に直接産地から送られるようになり、徐々に流れは変わっていった。需要の構造変化、合理性を反映した物流の変化は、大坂中心からより広い範囲に展開していった。

このなかで田沼時代に不完全に終わってしまった銀貨を補助通貨にする動き、すなわち、「金遣い」の貨幣空間のなかに「銀遣い」の貨幣空間を吸収・統合しようとする動きは、活発化していった。先にも述べたように、文政七年の文政南鐐二朱銀をはじめとして、十二年間に新鋳三回、改鋳も四回行われ、「金遣い」への集中は、積極化していった。

すでに述べたように、江戸時代の貨幣の世界は、金・銀・銭の三貨制と言われているが、大きく言って、大坂を中心とする関西・西国の「銀遣い」の空間と、江戸を中心とする関東・東国の「金遣い」の空間の二つの通貨空間に分かれていた。加えて言えば、銭は実態的に全国的に日常生活において少額の補助通貨として用いられていたが、金貨・銀貨の陰に隠れて、その存在は、開府以前の時代と比べて、目立つものではなかった。それでも金貨・銀貨と同様に銭貨においても、寛永十三年（一六三六年）から寛永通宝も度々発行され、四文銭や天保銭（百文）の発行による発行差益への寄与も存在していた。

要すれば、流通から言えば、大坂と江戸を中心とするこの二つの貨幣空間の橋渡しが問題であった。一方において、金貨は、「両」を中心とする額面で通用する定位通貨であった。他方において、銀貨は、貫・匁という重さで取引する秤量通貨であった。この両者のあいだでは、物流の発達に伴い、二つの空間を移動するたびに、絶えず煩雑な手続きが両替商の手によりおこなわれる必要があった。幕府がいくら、一両は銀貨五十匁とか六十匁とするといった通達を出しても、市中では相場が立っていた。多少のゆがみはあっても、それは市場の実勢を反映していた。二つの性質の異なる通貨体系が接していたからである。さらには二つの貨幣空間の間の現金の輸送の問題、それを補う為替システムなどによる余分な手間ひま、費用が発生していた。

勝手掛老中首座となった忠成の財政政策・貨幣政策の中心にあったのは次の二点であっ

た。

(1) 秤量貨幣であった銀貨を、本格的に金貨の補助貨幣とし、金貨の体系、すなわち、「金遣い」の貨幣空間に組み込むことであった。それはかつて、新井白石により潰された荻原重秀の「官符の印の理論」の実践を忠友の時代に続いて、より積極的におこなうことであった。国家が定めた通貨には、それだけの価値があるという貨幣国定説を一段と拡張するものであった。

(2) 具体的には、両と銭の中間の価値を表す定位銀貨を多く発行した。この分野は、秤量通貨である「銀遣い」の通貨が主として使われている価格帯であったため、これに代替することを目的とするものであった。

金貨における金の含有量の引き下げに際して、以前と同じ一両で通用させることにより、そしてまた定位補助貨幣として銀貨を金貨に従属させることにより、市場の金・銀相場とは独立して、銀貨の銀含有量を自由に引き下げることを可能にさせることであった。この結果、金貨・銀貨合わせて幕府には、五五〇万両ともいわれる莫大な発行差益が生み出された。この発行差益に基づき、更なる財政発動を実施することにより、市中の経済は一層活発になり、それが文化・文政の繁栄を下支えしたのである。

そもそもこの関西、関東という二つの異なる貨幣空間の下で、十八世紀の吉宗の「享保の改革」以降、倹約により出費をおさえようと、庶民を巻き込んだ倹約思想が一時的に支配的となっていた。これに対し、環境変化に合わせようと柔軟に政策対応を試みた田沼意次――水野忠友ラインの政策的違いは明らかであった。

後者の流れの延長線上に忠成の政策は立っている。特に政策の中心は、いくら倹約に努めても、じりじりと悪化してゆく幕府の赤字財政の再建をはかるものであった。それは通貨政策に特化していた。言ってみれば、忠成の政策は、かつての田沼意次――水野忠友体制で試みられた銀貨の定位化、補助通貨化の実質化という側面を強く持っていた。この措置は、緩やかながら経済発展していく時代の流れを重視し、経済成長に伴う通貨不足の解消を意図するものであった。それは、庶民に対し倹約という名目で力ずくで需要を圧縮しようとする政策とは真っ向から対立するものであった。需要を抑えつけないで、その分に見合った貨幣を供給する。その結果として、貨幣政策的には、次の二つの大きな成果が挙げられた。

第一の成果：前章で述べたように、中心になったのは、財政状況の改善政策における成果である。前述のように、発行差益をとる出目効果をフルに活用し、それまで赤字基調であった幕府財政を大幅に改善させ、黒字化し、貯えも大幅に増加させたことである。結果的とはいえ、積極的な財政出動を取り、景気を大いに刺激したことである。それまで押さえつけられていた有効需要の解放であった。

第二の成果：金貨本位制、つまり金本位制への三貨制の吸収・統一は、目立たないが通貨主権という意味でも大きな意義を有している。

通貨発行権の自主性の獲得であり、それまでの金貨・銀貨の両替率は、必ずしも幕府の通達通りに運営されず、両替商の手にある相場により絶えず変動しており、通貨発行には各種の特別な配慮が必要とされた。銀貨を金貨（両）の定位補助貨幣と位置付けることにより、幕府は通貨発行権を独占して自由に働かせることが出来るようになった。それはまた同時に、なによりも「金遣い」、「銀遣い」という二つに分かれていた貨幣空間が、ここに一つに統一されることを意味した。

家康の「金遣い」への統一という願いは、開府から二百年強を要したが、ようやく達成されることとなった。

この二つの政策は、互いに相関するものであり、どちらか一方だけでは、十分な結果を示すことが出来ないことを意味していた。この効果は、取り分け改鋳の際の不安定要因を取り除くものであった。目立たない点だが、これまであまり取り上げられていないものであり、江戸時代の経済空間における大きな意味を持つ画期的なものであった。ここにようやく「金遣い」と「銀遣い」という二つに分かれていた貨幣空間は統合され、一つの体系に統一されることになった。そこでこの背景を探り、水野忠成の通貨政策の位置づけを以下辿っていきたい。

第二節　定位銀貨を軸にした二つの貨幣空間の統合

秤量銀貨と定位補助銀貨の量的な変遷については、岩橋勝が『数量経済史論集Ｉ　日本経済の発展――近世から近代へ』(日本経済新聞社) のなかで、徳川時代の貨幣数量を推計しているので、そこから読み取ることが出来る。以下はその抜粋である (同書２５８頁、第10表「徳川期貨幣数量の対比」、銀貨は一両＝六十匁として換算されている)。前章第三節の年々の幕府財政の収支とは切り口は異なり、通貨の発行高ベース残高であり、銀貨が秤量通貨から定位通貨へとシフトしてゆくさまがはっきりと見て取れる。

この表に現れているように、第2期（元禄——宝永）の将軍綱吉の時代から「銀遣い」の秤量通貨発行高は急激に増加して、ついに第3期の将軍家宣・家継の正徳期には、金貨が微減するのに対して、秤量銀貨は二倍近くに増加している。大坂を中心とする元禄の活況を反映しているものと見られる。第4期の将軍吉宗の享保の改革を反映して通貨の発行高は、三割減となり、特に銀貨は半減している。しかし第5期の吉宗後半期からは「元文の改鋳」をはじめ、あとに続く田沼時代の勝手掛老中水野忠友の改鋳により、金貨は倍増した。銀貨は総量は横ばいながら、南鐐二朱銀が定位補助通貨として新たに発行されたことから、それ自体で秤量銀貨の一・五倍となって急増して、その分秤量銀貨は代替されて減少している。日常の高額商品に対しても定位銀貨が浸透し始めていったものと見られる。

この傾向は、第6期の老中水野忠成の積極策のもとで、「金遣い」の世界は圧倒的になり、日本の通貨体系は、ほぼ金本位の貨幣空間に統一されたことが統計上にも明らかに現れている。銀貨は急速に補助貨幣としての定位通貨にシフトしていった。

銀貨に関して、発行残高でいえば、第6期において、総量合計も全体で五割増しになっ

期間	貨幣類別	秤量銀貨高	岩崎推計 金貨換算
第１期 1601（慶長６）年 ～1695（元禄８）年	金貨 秤量銀貨 **合計**	200千貫	10,627千両 3,333 **13,960**
第２期 1695（元禄８）年 ～1710（宝永７）年	金貨 秤量銀貨 **合計**	644	15,050 10,755 **25,805**
第３期 1710（宝永７）年 ～1714（正徳４）年	金貨 秤量銀貨 **合計**	1,085	13,570 18,120 **31,690**
第４期 1714（正徳４）年 ～1736（元文１）年	金貨 秤量銀貨 **合計**	611	10,838 10,204 **21,042**
第５期 1736（元文１）年 ～1818（文政１）年	金貨 秤量銀貨 定位銀貨 **合計**	252	19,114 4,208 5,933 **29,255**
第６期 1818（文政１）年 ～1832（天保３）年	金貨 秤量銀貨 定位銀貨 **合計**	321	23,699 5,361 16,804 **45,864**
第７期 1832（天保３）年 ～1858（安政５）年	金貨 秤量銀貨 定位銀貨 **合計**	234	28,315 3,902 20,536 **52,750**
第８期 1858（安政５）年 ～1869（明治２）年	金貨 秤量銀貨 定位銀貨 **合計**	211	74,321 3,512 52,392 **130,224**

（岩橋勝、『数量経済史論集Ⅰ　日本経済の発展 ── 近世から近代へ』258頁、第10表）

ている。定位の金貨・銀貨を中心とするものの総額は、合計四万五百三両になっており、これに対して、秤量銀貨は、五千三百六十一両と全体の十二％にまで低下している。銀貨だけを見ても、定位銀貨は、秤量銀貨に対して、一万六千八百四両対五千三百六十一両であり、三倍となっている。これ以降もこの傾向は一段と強まり、「銀遣い」の秤量銀貨は漸減する一方で、定位銀貨は二倍、三倍と急増して、統計的には九割近くが金貨並びに定位補助銀貨となり、「金遣い」の空間は圧倒的になっている。銀貨のなかでも定位補助通貨としての銀貨が九割近く流通していたことが見て取れる。

但し、秤量銀貨は、こうした流れのなかでも公的に廃止されたわけではなかった。銀貨という現金でなくても、手形、藩債など銀建てのものは、依然として大量に残されていたと見られる。秤量通貨として引き続き発行された丁銀・豆板銀は、恐らく取引上きわめて限定的にしか使われていなかったものと思われるが、幕府は、貸借関係に残る銀建て取引にも配慮し、信用機構に無用な混乱を引き起こすことを避け、秤量銀貨も引き続き少量ながら残されたものと推察される。出来るだけ目立たないように、また市中に余分な刺激を与えないように「金遣い」への空間統合は進んでいった。しかし、この「金遣い」の空間に統合された定位補助通貨としての先進的な銀貨は、のちに日米の通商条約締結に際して大きな問題を起こすことになる。

第三節　好景気と文化・文政の豊かな時代

勝手掛老中首座水野忠成の時代には、通貨改鋳の成果に支えられて、十一代将軍家斉の子女たちの婚礼や養子縁組に伴う持参金など各種費用をはじめ、将軍家斉自身の贅沢志向などにより、急激に幕府の支出は増加した。この幕府の支出拡大に伴い、市中の経済は、一段と刺激を受け活発化し、また同時に娯楽なども盛んになった。元禄時代に続く、文化・文政のいわゆる、爛熟した江戸文化が生み出されていった。活気のある豊かな時代が今度は江戸を中心に到来した。

この現象を経済学的・統計的に捉えて、マクロ計量経済史学者新保博は、「徳川後期インフレ的成長論」を唱え、江戸時代の経済トレンドの大きな転換点であったことを実証的に指摘している。この水野忠成による財政拡張政策は、いずれにせよ爛熟した文化を下支えするものであった。この点に関して、忠成はもっと評価されてしかるべきであろう。ともすれば、これまでの歴史家の認識は、政治面の行動に力が注がれ、経済について経済学的に本格的に論じたものが少なかった。水野忠成の時代については、単に、田沼時代の再来などという、通り一遍の表面に現れる政治的評価の側面のみが強調されることが多く、残念ながら現実における経済的な変化と結び付けて論じられることは殆どなかった。しかし現在では、この見方は変わりつつある。

田沼意次――水野忠友の前向きな時代環境の変化への取り組みに続いて、忠成の時代には、再び自由でのびのびとした庶民の生活が出現した。それまでの間の二十五年間、文化年間が代わって文政年間に至るまでの期間は、まさに松平定信の倹約政策を引き継ぐ「寛政の遺老」の時代であった。この倹約の時代に対しては、将軍家斉ともども巷の不満・反発があった。この点を小説家佐藤雅美は鋭く突き、小説『十五万両の代償――十一代将軍家斉の生涯』のなかで次のように上手く表現している。将軍家斉は次のように忠成に言う。

「知ってのとおり、四十五になるこの歳まで倹約一本だった。伊豆（松平信明《のぶあきら》）らはなにかというと御収納が足りないのです。我慢して下さりませと申す。仕方がない。従って来たが倹約はもう飽きた。贅沢をしたい。贅沢をして思いっきり羽根を伸ばしたい。いずれ折を見て、そのほうを勝手掛に任ずるつもりでおる。勝手向きが融通よろしきを得るにはどうすればいいのかを、いまのうちから考えておいてくれ。よいな」

（佐藤雅美『十五万両の代償――十一代将軍家斉の生涯』）

文政元年（一八一八年）、忠成は前年についた老中格兼側用人から勝手掛老中首座に一気に出世した。将軍家斉との二人三脚の時代が始まる。それは忠成が天保五年（一八三四年）に亡くなるまでのほぼ十七年間に及んだ。将軍家斉も忠成の死の四年ののちに息をひきとった。

第四節　徳川後期「インフレ的経済成長論」

通貨の改鋳は、かつての家宣の時代とは異なって官僚体制の整備も進み、勘定奉行レベルで独断で決めることは許されず、勝手掛の若年寄や老中の手を通すことに変わっていた。将軍家斉の時代には、取り分け全権を握る勝手掛老中首座、水野忠成の主導のもとで、改鋳は抜本的・本格的に実行された。これにより、一挙に通貨量は四〇％増加したと言われる。それは、統計的にも裏付けられて、画期的な転換点を示している。幕府の通貨発行差益は、さらなる財政出費を賄い、経済活動に刺激を与え、成長への有効な政策となった。

こうした試みはすでに、田沼意次——水野忠友の時代に取り組まれていたが、「天明の飢饉」、浅間山の噴火、明和の大火など天災と呼ぶべき不幸が重なり、予定外の出費がかさんだことで、大きな成果をもたらすまでには至らなかった。天災等による大きな赤字の出費の時代は、松平定信の復古主義的クーデターにより基調を変え、改鋳による財政の改善そして経済発展という考えは、影を薄くした。

ここで前節において一部すでに言及している、統計的裏付けによる、新保博の文政の「インフレ的経済成長論」について説明を加えておきたい。

この見方は、いわゆるマクロ計量経済史学とも言われ、これまでの歴史学、政治を中心にした経済史の見方とは異なり、統計学、経済学を駆使した、経済学者を中心とするものである。その代表的なものは、前述の一九七六年日本経済新聞社より出版された『数量経済史学論集1　日本経済の発展――近世から近代へ』に示されている。そして新保博による東洋経済新報社『近世の物価と経済発展――前工業化社会への数量的接近――』である。またのちに岩波書店より新保博／斎藤修編集『日本経済史2　近代成長の胎動』も出版されている。要は、統計的に見れば、徳川時代は、米価を中心にデフレ傾向が続いてきたが、文政年間に入ると基調としてインフレに変わり、物価は上方に屈折して一転上昇する。しかしながら、そうしたインフレを上回ってそれ以上に経済が成長したことを指摘している。このために『日本経済の発展』では、江戸時代後期を四つのフェーズに分けて分析している。

「１７３６～80年、および１７８１～１８１７年の二つの段階は、いずれも、物価の急激な上昇によってスタートを切るが、その後は長期にわたる物価の傾向的低下をしめしている。これに反して、１８１８～57年、１８５８～67年という第３・第４の段階では、ともに当初から物価の上昇運動傾向があらわされている。……つまり、江戸後期における物価の長期趨勢は、１８１８年を画期として大きく方向を変え、それ以前の長期的下降趨勢と以後の長期的上昇傾向とにはっきりとわかれるのである。」

しかしより重要なことは、そうした物価の上昇以上に経済成長率が、同様に上方に屈折するとともに、それは物価上昇をさらに上回って増加しており、貨幣の増加が経済発展に寄与したことが明らかに見て取れると分析している。

「１８２４～29にかけて、２朱銀・１朱金・２分判・１朱銀という少額貨幣が相次いで実施され……」

その結果、貨幣の流通量は40％近く増加した。これに対して物価水準は、３年遅れて同じペースで増加した。

「文政の改鋳による有効需要の拡大は、物価水準の上昇にみちびくと同時に、経済に刺激をあたえて産出高の増大をもたらしているのである。

文政の改鋳は550万両をこえる巨額の改鋳益金を幕府にもたらし、幕府財政の改善を可能にした。」

（以上、新保博『近世の物価と経済発展―前工業化社会への数量的接近―』）

と新保博は述べている。金・銀の含有率を落とした改鋳により発行差益を発生させ、幕府の財政状態を改善させるとともに、増加した財政収入を使い、さらに財政支出を増やすというかたちで、経済発展に好循環が生まれたと捉えている。将軍家斉の時代の文化・文政の爛熟した江戸町人文化のピークが生み出された。

忠成の政策には、単に発行差益による財政収入の改善のみならず、通貨体系の統合という政治的にはあまり目立たないが、欧米先進諸国にも先行する、「金遣い」による貨幣空間の統合という大きな流れに繋がるものが存在していた。そしてそれはまた、各地の領国経済が交通網の発達によりネットワーク化し、日本全国を覆う、より大きな広域経済空間の完成でもあった。個別的な小さな個々の市場は、藩領を超えて、より大きな経済空間に統合されていった。貨幣空間・政治空間・経済空間は、一つのまとまりのある統合された空間に至った。さらにその後を引き継ぎ、水野忠邦がこの積極的貨幣政策の仕上げを行うことになる。

第六章　水野忠邦の貨幣政策と「天保の改革」

第一節　大御所家斉の下での忠邦の財政政策

水野忠成がこの世を去ると、翌天保六年（一八三五年）、水野忠邦は、本丸老中となり、一枚を百文とする天保銭を発行した。当百と呼ばれるもので、銭貨の高額化と銅による発行差益の収納をねらうものであった。銭貨は一枚が少額であるので、日常生活の円滑化を図るために、そもそも補助貨幣的な性格を持っていた。銭貨の通用は、小口取引でもあり、かつての金貨・銀貨間のような緊張した両替の問題が目立って存在したわけではなかった。小口取引のなかでも百文という相対的に高額な銭貨は、既存の貨幣秩序を乱すこともなく、幕府は銅からも新鋳による発行益を享受することが出来た。天保銭も金貨（両）の補助貨幣化の一環でもあった。

かつて通貨不足によるデフレの対策として、荻生徂徠も、その後の時代の儒学者太宰春台も、不足する通貨を補うために銅貨の増発を提言していたが、遅まきながら水野忠邦によって実行された。天保小判の発行も更なる発行差益を生み出した。これらは忠成の政策を完全に継承するものであった。忠成がいなくなっても、大御所家斉は、まだ健在であった。天保八年（一八三七年）、家斉の下で勝手掛老中となった水野忠邦は、一気に通貨改鋳を進めた。歴史家北島正元は言う。

「……享保大判の増発を除く新鋳としては、金銀各三種であるが、これだけの種類を天保八年の一年、しかも二カ月間に一せいに発行したことは明らかに計画的であり、文政期の改鋳と極めて対照的である（田谷博吉『近世銀座の研究』）。しかしその目的はやはり改鋳の出目の獲得にあったことは、品位が文政金銀よりさらに劣っていたことでも分かるが、とくに粗悪な二朱金の発行高・益金ともに図抜けて大きかったのは、……この改鋳が財政補強を直接のねらいとしていたことを示している。天保十三年の幕府納金と支出の差は、九万七五三〇両余りの赤字となり、……財政悪化の事実がそこに反映している。」

（北島正元『体系日本史叢書2　政治史Ⅱ』）

北島も指摘しているように、それらは文政の貨幣よりも一段と金・銀の含有率を下げたもので、赤字財政を補うべく、発行差益を目的とすることは明らかであった。この背景には江戸三大飢饉の一つである「天保の飢饉」が大きな影響を与えていたと考えられ、事態は切迫していた。この点に関して新保博は前掲書において、次のように書いている。

「1830年代のなかばをおそった連続的不作は米価の暴騰をまねき、これを引き金として一般物価も急騰した。連続的不作は、……米納年貢制に基礎をおく幕府財政収入の縮小にみちびかざるをえない。ふたたび幕府財政の危機が近づいてくる。……こうして、1837（天保8）年、幕府はふたたび金・銀の全面的改鋳を実施するにいたったのである。

……天保の改鋳を契機とする物価上昇は、まぎれもない事実であった。そして、貨幣流通量の増加率と物価上昇率はほぼ匹敵していた。しかしこの時期には、一〇〇文銭の大量鋳造がおこなわれ、また藩札の発行高も拡大しているが、これらを考慮すれば、物価上昇率は貨幣流通量の増加率を下まわることになるのである。」

（新保博『近世の物価と経済発展―前工業化社会への数量的接近―』）

他方において忠邦は、天保十一年には、文政一朱金の通用停止をはじめ、十三年には文政金銀のすべてを停止した。単に前任者水野忠成に対する対抗心ではなく、さらに金・銀の含有量を落とした通貨発行により、「天保の飢饉」に端を発した不況に対応すべく、新たな発行差益をより確実にするために時間的な余裕は残されていなかったと見られる。またこのことは、他方で忠成の文政時代の改鋳策がすでに世の中に定着していたことを物語るものでもある。それは取りも直さず、銀貨の定位補助貨幣化が世の中に一般的なものとして違和感なく受け入れられ、江戸の金本位制は、制度として定着していたことを表している。

そして、文政南鐐二朱銀・一朱銀を引き継ぎ高額化した天保一分銀（判）は、その後維新まで使われた。二朱銀には「以南鐐八片換小判一両」、一朱銀にはより小さい貨幣面に「以十六換一両」と表記され、小判との兌換を明記してあった。しかしこの高額化した一分銀には、そうした文言はなく、「一分銀」という表示のみであった。それだけ「金遣い」の銀貨が世に受け入れられていたのか、手を抜いたのかは不明であるが。そしてこの天保一分銀は、図らずも日米修好通商条約の締結に際して、悪役を演じさせられる運命を担っていた。この兌換文言の安易な削除が影響した可能性がある。

第二節　世に合わない「天保の改革」

大御所家斉が亡くなると、忠邦は十二代新将軍家慶《いえよし》をかついで、直ちに長年の夢であった幕政の改革に取り組んだ。しかし政策のなかでもとりわけ通貨政策上問題となったのは、信用機構の破壊とその結果の混乱であった。

貨幣空間においては、これまで歴史的にも、元禄、宝永、正徳、享保、元文、文政、天保と改鋳が続けられてきた。こうした通貨発行の裏には、それまであまり表立つことはなかった両替商の組織をはじめとする信用秩序が存在しており、大名・武士層への貸付の中心となって機能していた。十七世紀後半以降、その存在は次第に大きくなっていった。

ところが忠邦による「天保の改革」の一つの目玉である株仲間の解散措置（天保十二年、一八四一年）により、これまで築き上げられ、それなりに機能していたこの信用制度が一気に崩壊してしまうことになる。株仲間が商品をはじめとする市中の自由な売買活動を妨げ、諸物価を高くしている原因であると考えられたためであった。その結果、流通機構を支えていた信用機能は、全く機能しなくなってしまった。信用は、制度を必要としている。株仲間の解散は、強引な倹約の強制とも相まって、世の中に混乱をもたらし、社会不安を顕在化させた。物流も金融も停滞してしまった。信用機構の混乱は、庶民のみならず、そもそも問題の根幹にあった困窮する大名・武士層をかえって一層苦しい立場に追い込んでしまった。社会の仕組み、商業の仕組みと上手くかみ合わない状況に陥ったと言わざるを得ない。

水野忠邦は、大御所家斉の逝去を機に、「天保の改革」に挑んだものの、将軍家慶からも見限られ、改革自体は、僅か二年で終わることとなってしまった。大名の借金の額は巨額になっており、のちに明治四年（一八七一年）に、明治政府が肩代わりをした大名の藩債だけでも、二千四百万両にもなっていた。これは天保十四年（一八四三年）までのものを切り捨てた後の額である。天保期の経済空間は、一段と不安定なものに変わっていった。

第三節　政治空間と対外情勢

加えて海外からの接近に対して、幕府は、海岸での防御体制の整備や、一八二五年の異国船打払令などで個別的な対応策を打ち出してはいた。しかし海外の状況に目を転じると、欧米列強のアジアへの進出の波は、日本にもひしひしと押し寄せてきていた。すでに一七七三年頃から北海道北部にはロシア船が出没し、一七九二年にはロシアからラクスマンが、さらに一八〇四年には、同じくロシアからレザノフが長崎に来航した。イギリスも一七九六年、北海道室蘭に来ていた。加えてイギリスは、一八〇八年オランダ船を装って幕府の許可なく長崎湾に侵入したフェートン号事件を引き起こしていた。

欧米列強の日本への接触・介入は、次第に激しくなっていった。一八二四年には、イギリス船員による水戸藩領大津浜への上陸、そして琉球列島宝島の番所襲撃事件が生じていた。一八三七年（天保八年）には、アメリカが通商と布教を求めて強引に浦賀に来航したモリソン号事件が発生していた。

そしてついに、水野忠邦が失脚して十年の後の一八五三年、アメリカのペリーが黒船を率いて実力行動に出てきた。続いてロシアのプチャーチンも修好通商条約の締結を求めてやって来た。この間次第に増えてゆく海防の問題、外国船の寄港問題などに伴い、鎖国の弊害面が顕在化していった。連邦主義的中央集権国家徳川日本の政治空間は、その統治能力に不安的さが増してゆき、日本社会における緊張感は徐々に高まっていった。それは、以後次第に激しくなってゆく尊王攘夷運動に繋がっていった。

忠邦の時代は、幕府の財政状態の改善を梃子に、新しい方向へ踏み出すべき最後のチャンスでもあったのかも知れない。しかし残念なことに、忠邦には次の時代に展開してゆくビジョンが不足していた。そもそも忠邦の先祖、岡崎水野家は、水野忠之が将軍吉宗に抜擢され、老中首座を務めて以来、幕閣の地位からは遠のいていたが、水野家一族で唯一改易も受けず、開府以来続いた生粋の譜代大名であった。しかし、正統的な、伝統的な譜代大名であったが故に、忠邦には、田沼意次や水野忠友のような、時代を汲み取る柔軟性はなかった。また将軍に仕え絶対の信頼を獲得した忠成のようなひたむきさもなかった。しかし「寛政の改革」の松平定信に憧れ、手本とし、世を取り仕切ってみたいという権力を志向する意識が強かったようで、松平定信と似たように親藩・譜代意識の強い復古主義者でもあった。歴史家北島正元のように、忠邦を根っからの権力志向の人物と見る人もいる。時代は日本一国のみで平和が保たれる状況にはなかった。

勝手掛老中首座水野忠邦は、欧米列強の進出に備え、日本海沿岸の防備を固めるべく国防を理由にして、天保十一年（一八四〇年）には、川越、鶴岡、越後長岡の三つの藩の三方お国替えを試みた。国力を増強させるために、田沼意次に続いて再び、印旛沼掘割工事に挑戦した。また天領、各藩の領地が入り組んでいる江戸・大坂周辺の土地の上知を試みたりした。が、いずれもうまくゆかず、反発を招くだけであった。こうした政策は、かえって幕府の権威の低下を如実に示すことになってしまった。以後、幕府の政治統治能力は急激に低下していく。国防についても重大な局面を迎えつつあった。平和な時代から、一転して再び軍事体制整備・強化の必要性に迫られていた。日本の政治空間も内外の情勢から影響を受け変化が進みつつあった。隣の中国では、イギリスとのアヘン戦争

（一八四〇－四二年）が始まっていた。

将軍家慶から見放され、「天保の改革」はわずか二年で失敗したうえ、忠邦の江戸屋敷は庶民の反発から打ちこわし騒動に発展し、浜松藩の減封、忠邦の隠居、跡を継いだ嫡男忠精《ただきよ》の山形への移封時にも浜松住民と借金問題で一騒動起きるなど散々な状況になった。忠邦は、幕府を来るべき時代にあわせて変革する最後のチャンスともいえる時期を、中途半端で、一方で執拗な倹約令を中心とする、かつての平和な時代への復古主義を中心に幕政を行なおうと考えてしまっていた。

残念なことに幕府の政治空間は、戦国時代を切り抜けた開府期当初にあった緊張感がとうに失せてしまっていた。官僚体制の充実とは裏腹に、安全保障に対する軍事空間の緊張感の希薄化、弱体化とでも言うべき状況にあった。国家の政治空間の根本を支えるのは軍事力であった。徳川幕府の連邦主義的中央集権体制は、一旦緩めてしまった軍事体制を再構築する必要に迫られていた。しかし長く続いた平和の世の中で、政治の世界では、外様大名を中心とする領国経済の発展も影響して、幕府中央へ権力を引き付ける力は衰え、大藩の領国国家の自立的色彩が一段と強くなっていった。これには藩の特産品に対する専売制も影響を与えていた。政治空間では、中央の統制力が弱まり、求心力が次第に失われつつある状況にあった。

経済空間は、政治空間とは反対に、経済発展により地域的、個別的に散在していた孤立国的な空間のなかから次第に、大藩である領国大名を中心に、それぞれ地方的な経済発展の核となりつつ成長していった。領国の経済は一段と充実し、また他の領国経済空間と重なり合っていった。運輸・交通網も整備されたことにより、全国的な繋がりを獲得し、日本全体を包む広域経済空間としてまとまりつつあった。これまで論じてきたように、貨幣空間も「金遣い」に一元化され、日本としての広域経済空間の一元化に寄与し、流通機構の整備を支えていた。しかし当時の日本の経済空間は、そこまでであった。

鎖国政策のために日本の国境を越えることは阻まれ、海外にまで拡張していくことはとどめられた。それにもかかわらず、長崎での貿易をはじめ、海外に流出した貨幣は、上海における「両」の両替市場や、東南アジアでの日本の通貨の流通が存在しており、寛永通宝は、終戦直後の昭和二十一年までジャワ（インドネシア）で通用したという。

時代は幕末へ向かって流れつつあった。経済空間は、領国の経済空間の重なり合いの上で、複数の中心核がネットワーク化した広域経済空間として深化していく一方で、政治空間は、統合の軸が弱体化し、分散化の兆候を現し始めていた。幕府は、国内における大藩の自立傾向を抑えきれず、全国を支配すべき体制の、将来を見据えた体系的な全体的視野を見失っていた。連邦主義的中央政権体制は限界に向かい始めた。以降の歴代老中は、個々人の能力差はあるにせよ、新しい流れ、変化に対して抜本的な対応策を打ち出すことが出来ず、維新を迎えることとなってしまう。

第七章　貨幣空間の動揺

第一節　日米修好通商条約交渉の失策

嘉永七年（一八五四年）の米国ペリーとの日米和親条約締結にはじまり、四年後の安政五年六月には日米修好通商条約の調印となった。オランダ、ロシア、イギリス、フランスとも同時に条約を結んだ。これにより幕府は、横浜、函館、長崎の三つの港を開港することになり、開国への途を進まざるを得なかった。

そのなかで、これまで見てきたように折角「金遣い」の体系のもとに統一され、金貨の定位補助貨幣として位置づけられた銀貨は、通商条約交渉の過程で、日米間の両替率の決定に際して、混乱を引き起こすことになる。

幕府官僚たちは、通貨の交換交渉において、米国の代表タウンゼント・ハリスに押し切られてしまったのである。つまり、定位補助通貨に定義されていた天保一分銀の銀含有量と米国一ドル銀貨の含有量の比較から交換率が決められてしまったのである。日本側の一分銀貨と一ドルを等価とする主張に対して、交渉団は、銀の含有量に基づいて一分銀三分と一ドルとの交換を求めてきた。当時の金貨の相場で言えば、二十ドル金貨は五両であり、四ドルが一両に相当することまでは合意された。日本側の主張としては、一両は四分であることから、すなわち一ドルは一分銀で一個ということになる。銀貨を補助通貨とする日本の金本位制に従えば、当然の結論であった。しかし彼らは、四ドルの銀含有量が一分銀で十二個に相当すると主張した。一分銀で四分は一両となるので、金貨に換算すれば、四ドルに対して三両が相当することになってしまう。アメリカにとっては、結果的に実勢との差で二両丸儲けとなる。

この不平等な為替交換レートの受諾は、それまで折角創り出した「金遣い」により統一された日本の金本位制度（金通貨本位制度）を大混乱させてしまう。結果として、金貨である「両」の大量流出となる。少ない場合で、数万両という説から、三十万両とも百万両ともいわれる大量の金貨が日本から流れ出した。但し、日本の商品も理論的にはドル換算で三分の一という大変に割安なものとなる一方、反対に輸入品に関しては三倍となるので輸入は一向に進まなかった。全くの片貿易となり、商品の輸出入上は、米ドル銀貨がどんどん流入した。実質通貨交換が中心となった観もある。

第二節　外国奉行水野忠徳

米国との交渉当初、勘定奉行であった水野忠徳《ただのり》（この人物も水野一族の流れを汲む旗本水野忠長の養子といわれる）をはじめ、川路聖謨《としあきら》など一部の人達は、長崎でロシア人プチャーチンとの交渉経験などもあり、貿易決済通貨についての土地勘も有していた。彼らも交渉当初混乱したが、日本の一分銀貨の定位補助通貨としての意味を正しく理解する能力も持っていた。

しかし十四代将軍の座をめぐって、紀州藩主慶福をかつぐ紀州派と一橋家の慶喜をかつぐ一橋派の争いの中で、紀州派と組んで大老職についた井伊直弼は、一橋派と見られた勘定奉行川路聖謨を一年後の安政五年（一八五八年）五月西丸留守居に左遷した。この時すでに老中堀田正睦は、四カ月前に水野忠徳を勘定奉行から田安家家老に移動させてしまっていた。しかし大老の井伊は、水野忠徳を日米修好条約調印の半月前に勘定奉行に戻し、一カ月後に新設の外国奉行に任命した。ところが一年後には西丸留守居役に移し、交渉の表から遠ざけてしまった。川路もそれ以前に既に西丸留守居役を罷免させられており、日本の貨幣制度を正しく理解して対等に発言できる人たちは、幕政の表から遠ざけられてしまっていた。

忠徳の主張は、こうだ。先に述べたように米国の二十ドル金貨と日本の小判五両の金含有量はほぼ等しい。これは、日米双方ともに認めているところである。そこで忠徳は、日本の制度上一両は四分であり、米ドルとの関係で言えば、一両は四ドルとなるので、四ドルは一両、すなわち一分銀四分と等価に、つまり一ドルは一分銀になると主張した。金本位制のルールに則って、きわめて論理的に説明を行った。

これに対しハリスは、前任地上海で事前にこの日本における「金遣い」システムについて情報を得ていた可能性はあるが、こともあろうに補助貨幣である一分銀の銀含有量と一ドル銀貨の銀含有量を比べ、銀の含有量比から一ドルは一分銀で三分であると主張した。金貨は金貨と、銀貨は銀貨と相対させ、金銀複本位制に則り、銀貨同士の比較を主張したのである。日本の銀貨が定位補助通貨という重要な意味を無視すれば、極めて単純な話である。各国もハリスの主張に従った。本来ならば、補助通貨である一分銀の含有量は、外国通貨との関係では全く無関係なものであり、基準である小判一両にとって、銀の含有量はどうでもよいはずであった。本来全く意味のないものであった。だが、こうした忠徳たちの正しい主張は受け付けられず、脅しと誤魔化しで幕府役人は翻弄され、認めさせられてしまった。

この背景には、老中以下、アメリカとの最終的な交渉の責任者たちが、通貨に関して、はなはだ不案内であったことが大きく響いていた。定位補助通貨である銀貨の意味を理解出来ていない人達であった。前章で書いたように一分銀上に「四片換一両」と表示してあれば、議論は変わっていたかも知れない。しかし単に「一分銀」とのみ記されていた。

理屈から言えば、この場合の銀貨でドルに対応するものは、強いて言えば、数は多くないが一部に残っている秤量通貨である丁銀、豆板銀であろう。しかし秤量通貨とドル銀貨との交換レートを決めるのであれば、ドル銀貨の銀含有量を銀目である匁表示にすれば良いので簡単であると思われるが、実際は行われなかった。その場合には、丁銀が正規の銀貨であるという建前を復活させることになってしまうからと思われる。秤量通貨である丁銀、豆板銀は、当時すでに市中でほとんど流通しておらず、むしろ例外的な形式的なものという位置づけであったからである。そもそも「銀遣い」の空間を「金遣い」の空間に何とか吸収し、統合してきたからである。これをくずせば、せっかく金本位制に統一した貨幣空間が再び混乱するリスクが存在した。

余談になるが、「金遣い」への統合は、何よりも貨幣の発行差益（出目）を財源の重要な手段の一つとする幕府財政にとって欠くことの出来ないものであった。但し、国内的には、米本位による年貢制を抜本的に変えて、財政収入の体系変更をしない限り、通貨の金・銀の含有率の引き下げに大きく依存したままでいるのは、早晩行き詰まってしまうことは明らかであった。

日米交渉の席でドル銀貨に対応して取り上げられた一分銀貨は、二十年前に水野忠邦が発行した、あの天保一分銀であった。しかし一分銀は、金貨の下にある一両を四分と定められた定位通貨であり、補助通貨である。補助通貨であることを理由に、金銀比価とは切り離して、大幅に銀の品位を引き下げた銀貨であった。これまで見てきたように、実態的にも日本はすでに金本位制にあった。これと金銀相場を反映した複本位制下にあるドル銀貨とを交換する議論は、本来的にかみ合わないものであった。だが幕府は、受け入れてしまった。大失態である。

この混乱を回避するために、西丸留守居役にあっても外国御用掛を引き続き務めることを認められていた水野忠徳は、その挽回に知恵を絞った。幕府はまず銀貨の改定を行い、銀の含有量を増やし、米国ドル銀貨との交換率の改善を試みた。一ドルと一分を等価にしようと試みた。一分銀の銀含有量を三倍にすればよいのである。先祖返りしてしまうが、当時の金・銀相場の実勢に合わせることである。一分の半分にあたる安政二朱銀として日米修好通商条約締結の翌年、安政六年（一八五九年）六月に鋳造した。しかしこれはたちどころに、ハリスをはじめ条約締結各国に拒否されてしまう。長崎に滞在していたオランダ人医師ポンペは、一八六七年に出版された滞在記のなかで、次のように書いている。

「〔外交団からは、〕日本が自分の好みで貨幣制度を立案することは構わないが、ただ外国人目当てに一方的に、特別のわれわれ外国人にだけ大変不利な制度をたてるのは許されないことだというのである。」

（ポンペ『ポンペ日本滞在見聞記――日本における五年間』〔〕は著者の補記）

一旦取り決めた基準となる通貨を、両替率の変更のみを目的として、通貨の実態的な流通を離れて勝手に変えられては、条約の趣旨に反すると言うもっともな主張であった。イギリスの通商代表オールコックも同じ見解であった。ハリスにとっては、個人的に密かに行っていた蓄財手段としての金貨との交換比率が悪化する実害があった。いずれにせよ日本側は、四ドル＝一両＝四分となるところを押し切られて、異常な交換率を押し付けられたので、四ドル＝十二分（＝三両）という、ドル銀貨をスタートにすれば、相手国側は、二両まるまる儲かるという大儲けの話になってしまった。日本で四ドルを一分銀十二分と交換し、これを相場である一分銀十二分で小判三両に交換することが出来る。割安の日本の金貨「両」は、どんどん流出していった。

第三節　犠牲となった国内経済空間

いずれにせよ、ゆがんだ交換レートであるから、実勢の三分の一という価格になる割安な輸出品は、大きく伸びた。しかし反対に輸入品は、三倍もする値段となってしまうので、全然進まなかった。外国からの輸入には全く適さない為替の交換レートであった。誤った交換レート設定の当然の帰結であった。銀貨が補助通貨であることを受け付けなかったからである。そこで翌年の万延元年（一八六〇年）、本位貨幣である金貨（両）を補助通貨の銀の含有量に対して、金・銀比の実勢レートに合わせるべく、金の含有量を大幅に引き下げた。万延小判は、前年に出された安政（正字）小判に対して二両二分三朱、天保（保字）小判に対して三両一分二朱とするなど大幅な切り下げであった。それは、あくまで銀貨スタートに拘る米国ハリスとイギリスのオールコックの勧告によるものであった。彼らは一分銀貨が補助貨幣であることを受け付けなかった。銀の質量を三倍にするか、金の質量を三分の一に切下げるという申し入れであった。特に前者の銀の切り上げは、大騒ぎをして、あの安政二朱銀の流通を停止させたばかりであった。今更何をか言わんやである。後者である金の切り下げを実施することとなった。議論を銀貨から出発させ、本位としていた「両」を補助通貨であった銀貨の銀の量目に合わせるべく、議論を転倒させた発想で改鋳を行うことを勧めた。これにより円滑な貿易が進み、割安となっていた金貨「両」の質を落とし、流出を防ぐとともに、一向に輸入が進まない片貿易状態を回避しようと試みた。「安政六年／万延元年の改鋳」である。逆手にとって、補助通貨である銀貨にも実勢を反映させ、結果的に「金遣い」の四進法を維持しつつも、金銀複本位制もどきに後退させるものであった。基準となる本位通貨である小判の金含有量を切り下げるという歪んだ転換が行われた。

小判の大きさを大幅に小さくして、金貨の品位を大きく引き下げたため、国内の貨幣の流通量は、一挙に一五〇％も増加した。それまで価値の基準となっていた本位貨幣である金貨「両」の質・量を大幅に切り下げたのである。その結果は、国内物価の急騰となって跳ね返った。当然安くなった金貨は、巷にあふれ、理屈では、昨日までと同じ品物が市中では三倍以上になって売られることになった。物価は一挙に高騰し、ハイパー・インフレーションを引き起こしてしまう。統計的にも日本国内の物価は、一八五九年以降、加速度的な上昇を見せている。幕府は同時に財政の支出増も受けざるを得ず、またそれまでの一分銀による発行差益も吹き飛んでしまった。

マクロ計量史学者宮本又郎は、すでに述べた『近代成長の胎動』の第二章「物価とマクロ経済の変動」のなかで「安政／万延の改鋳」について、以下のように述べている。

「開港五年前の一八五四年から六五年までを計れば、物価の上昇率は年八・五％で、空前のハイパー・インフレーションであった。……開港という異なる経済環境のもとで新たなインフレが始まったことは明白である。

このハイパー・インフレーションの主要因が、開港後に日本の金銀比価を国際比価に合わせるために断行された貨幣改鋳にあったことは改めて詳言を要さない。……名目貨幣量は五三〇〇万両から一億三〇〇〇万両に増加した。この貨幣量の急激な増加が物価急騰をもたらしたのである。」

（宮本又郎「物価とマクロ経済の変動」『近代成長の胎動』）

通貨空間の混乱は、庶民の生活を巻き込み、日本の経済空間を一段と不安定なものにした。そしてこれはまた、政治空間に跳ね返っていった。幕府に対する不信、不満である。加えて欧米人に対する嫌悪感・反発に繋がっていった。しかし当時の幕府にはさしたる策はなかった。

のちに英国代表であったオールコックは、英国大蔵省の報告書からこの両替率の誤りを理解した。水野忠徳の主張は正しかった。またそもそも議論となった一分銀の定位補助通貨の創出に関して稀有なことではあるが、前述したポンペは、定位補助通貨の意味を適切に捉えることが出来ていた。経験もないのに驚くべき理解力を示している。彼は、次のように定位補助貨幣である一分銀を的確に理解して書いている。

「……一分銀はいわば兌換券のごときもので、しかもこの兌換券ともいうべき一分銀は、わずかに金額の価値の三分の一しか価値はないが、また日本国の金庫でも、受けとるときはすべてこの付けられた名目価値で取り扱っていた。日本ではこのような状態が長く続いたので、実際の価格より三分の二ほど余計に通用の価値がつけてあったことになるが、長い間誰もこれに気がつかなかった。……わたしが考えるに、この単純な通貨制度は、誰か知らないが大変頭のよい日本の財務担当大臣の実際的な取り扱いの案ではなかったかと思う。」

（『ポンペ日本滞在見聞記―日本における五年間―』）

ポンペにとっても、母国オランダではまだ経験していない制度で、恐らく初めて目にしたのであろう。彼はこの日本の通貨システムの本質に気がついて驚いたことであろう。誰が考え出したのか？　ポンペのここで言う頭のよい財務担当大臣は、これまでの経緯から言えば、恐らく本格的に、積極的に文政南鐐二朱銀を発行した老中首座でもあり勝手掛でもあった水野忠成《ただあきら》ではないかと思われる。

第四節　鎖国体制の崩壊と政治空間の動揺

こうして社会的に不安定さを増してゆく経済空間は、政治空間にも影響を与えていった。政治空間も根底において安定を失ってゆく。前節で引用したポンペも、同書の中で続けて、この不平等な両替は、以下のように下層社会にまで影響を与え、外国人に対する反感を一層刺激し高め、攘夷運動に一段と力を与えたとする、大変に興味深い見方を示していた。

「これら多くの貨幣両替問題は影響することははなはだ大であって、ために日本人の外国人に対する評価に当って大変マイナスとなったことは明らかである。われわれに向かって陰に陽に反対するすべての反対行為はすべて攘夷派の起こしたところであるが、この貨幣両替問題においても大いにそうであった。われわれは金銭の魅力にとりつかれた鬼だとか高利貸だとか、黄金泥棒だとかありとあらゆる非難を受けた。これで外国人に対する反感嫌悪が著しくたかぶったことは確かで、ことにそれは日本の下層社会にひどかった。それはたくさんの金が海外に出たからというばかりでなく、銅が、それも大変な量の銅が、何百樽にいっぱいの銅銭までも海外に輸出されたからである。そのために銅銭は外国人に買い占められ、貧しい人々は不便になったばかりでなく、大変な損失すら蒙った。なぜかというと、銅銭の需要が増加するとそれにつれてその価値も騰貴したからである。」

（『ポンペ日本滞在見聞記――日本における五年間――』）

銅に関しては、銀山の産出量低減のあと、その掘削、精錬方法の改善がなされ、引き続き産出高も増えて、輸出主力商品となっていた。がしかし幕府は、銅の地金（棹銅）の輸出を禁止していた。そこで地金に代えてオランダ人は、加工された銅製品を買いあさり、ついには銅銭にまで及んだことがここに記されている。これが庶民生活を圧迫し、一段と攘夷運動に共感が持たれたとしている。外国人から見た鋭い印象的な指摘である。日本人の側からはあまり語られない、外国人の目から見た独自の見方であり、大変に興味深い捉え方である。庶民にも攘夷を支持する機運が高まっていったことが読み取れる。

開国を機に、日本の経済空間も政治空間も不安定なものになるとともに、政治空間それ自体は、一段と国内からも欧米列強からも圧迫され続けた。隣国中国におけるイギリスに対する敗戦は、大きな衝撃を幕府に与えるものであった。水戸徳川斉昭のアジテーションに刺激を受け、引き起こされた尊王攘夷運動の波は、加速度的に盛んになり、水戸天狗党の乱となって表出していった。不良浪人や不満のある脱藩者などが、攘夷を求める天皇・公家のいる京都に集まり、一段と社会を不安に陥れていった。この動きは、次第に形を整え、長州藩の実力行動に発展してゆく。幕藩体制はいよいよ不安定なものとなり、幕府は次第に追い詰められていった。幕府の中央統制力は、取り分け大きな地方の領国国家に対して力を失っていった。

すでに、開国已む無しの認識は、幕府の一部にはあったものの、イデオロギー的には、水戸徳川斉昭の声高の尊王攘夷論は、下級武士、浪人、農民たちなどにたまっていた不満・エネルギーに火をつけた。幕府による適切な対応策が取られないまま、歴史の流れに引きずられていった。

幕府の政治空間は、開府以来、天皇家ならび公家や、国内の外様大名・領国大名を監視すればことが足りていた。天領地以外の領国での一揆などは、基本的に領主たる大名の責任であった。

しかし近代化の波に乗り、進む欧米列強のアジア進出に際して、それまで続いてきた平和のなかで、そもそも内向きに固まっていた朝廷は言うに及ばず、幕府の政治空間自身も、鎖国体制が整うにつれて安定化していくと、次第に内向きに特化していっていた。幕府は、国際化が求められる時代が到来してしまったことへの対応、準備が出来ていなかった。すでに述べたように、オランダと中国に限定していた貿易は、ロシア、アメリカ、イギリス、フランスから開国、通商を求められるようになっていた。さらにはプロイセンもやって来た。幕府の一部の人達は、オランダを通じて世界の情勢変化について限定的ながらもかなりの情報を得ていたと言われる。欧米に侵食され続ける隣国中国の状況は、幕府の政治空間の在り方に大きな転換を求めていた。幕府四百万石を超える天領と三百五十万石といわれる俗にいう旗本八万騎に対する動員力も不確かであった。もはや一体として統一的に行動できる状態にはなかったものと見られる。

鎖国については、すでに第一章で言及したが、江戸開府から百年ののち、いわゆる鎖国体制が完成して五十年ののち、ドイツ人医師、エンゲルベルト・ケンプェル（一六五一年―一七一六年）は、一六九〇年（元禄三年）から一六九二年まで長崎に滞在し、鎖国論を著している。具体的には次のように、一般論としては交易をおこなうことは重要であるが、日本の場合は恵まれた環境から、むしろ例外的に鎖国を行うことの有意性を論じている。

「日本国に於て自国人の出国・外国人の入国を禁じ、又此国の世界諸国との交通を禁止するに極めて当然なる理由があるの立証（鎖国論）」

（ケンプェル「鎖国論」『ケンプェル江戸参府紀行　下巻』）

そこでの主張は、日本は古来天皇を中心にまとまっており、皇帝（将軍）家康の下に再統一されたことから始まり、歴史的、言語的、文化的にも固有なものがある。また国内の産業も盛んで、外国からの技術も国民の器用さから自力で消化し、貿易を必要とする絶対的な理由は存在しない。輸入されているものは、必ずしも必需品と言える商品でないものばかりである。ケンプェルは、長崎に貿易を限り、中国とオランダの二カ国との通商を行うことで十分に足りると断じた。かつて言われたアウタルキー論の先駆である。

それから百年ののちに、ドイツの著名な哲学者、ヨハン・ゴットリーブ・フィヒテ（一七六二年－一八一四年）は、当時ドイツで人気のあったイマニュエル・カントの商業主義自由貿易論に敬意を表しつつも対抗して、『封鎖商業国家論』を一八〇〇年に著した。彼は、国民国家の自立の手段として鎖国体制を掲げたが、それは、国民国家が成立するよりも以前に、欧州大陸に於いて周辺地域との交易が先行している状況から来るものであった。自由貿易体制をとるためには、まず国民国家としての政治空間の独立、自立が先決であると主張した。経済も出来るものは国内で賄えるようにまず努力して然るのちに、自由貿易に入るべきであるとの見解を示した。ケンプェルの時代であれば、この考えは日本にも適していたし、上手く運用されていたと言えよう。

しかし他方で日本の幕府の政治空間は、鎖国を実施して以降、二百年以上もっぱら内向きの政治に注力したままであった。そのつけがまわってきてしまった。基本的に幕府の体制は、国際情勢の変化並びに軍事技術の進化に疎くなっていた。海外事情に対する関心を制限することにより、結果的に自らの首を絞めていた。産業革命により欧米は変貌し、進化しつつあった。幕府は平和ボケとも言うべき対外情勢の変化に対応力を欠いていた。財政的にも改鋳一本に依存する危うい状況にあった。

直接的に大きなインパクトを与えたのは、ペリーの脅しに対して、何ら有効な対抗策を打ち出せず、已む無く行った日米修好通商条約の締結であった。鎖国のツケとも言えよう。幕府自身は、一般大衆、領国諸大名とは異なり、それなりの情報を得ており、短期間で実力的に対抗するだけの力がないことは、さすがに理解していた。彼我の軍事力の差は明らかであった。

日米修好通商条約において、私利私欲に走ったタウンゼント・ハリス、そして能力不足・理解不足を交渉上顕在化させてしまった幕府老中以下の役人の罪は重い。この点から言えば、十四代将軍を巡る紀州派と一橋派の争い、後に続いた安政の大獄や海外の実情を正しく理解していない不用意な徳川斉昭の尊王攘夷論は、結局幕府の二百六十年の歴史にとどめをさす遠因の一つともなった。幕藩体制の身内からも問題が生まれていた。

政治空間の混乱のもとで貨幣空間は、折角世界に先駆けて、金本位制になっていたにも拘らず、先にも述べたように、定位補助通貨に位置づけられていた一分銀という銀貨の量目と一米ドル貨との量目比から交換を強いられてしまった。元長崎奉行の水野忠徳は、その交渉の場に加われなかったことを悔しがる。こうした制度を理解している水野忠徳などを中心に、ハリスとの交渉を取り上げた小説には、佐藤雅美の『大君の通貨』『将軍たちの金庫番』、最近では二〇一七年の日本経済新聞夕刊の連載小説、木内昇の『万波を翔る』などにおいて上手く描かれている。まず貨幣空間の後退が経済空間に混乱を呼び起こし不安定な状況に追い込んだ。これはただでさえ求心力を失いつつある幕府の政治空間に一層の動揺を生み出すことに繋がっていった。

終章　通貨統合に支えられた経済空間と政治空間

すでに何度も書いたように、経済空間なかんずく政治空間と接している貨幣空間において、当時世界最先端の大英帝国の金本位制移行（一八一六年）とほぼ同じ時期に、日本も他の欧米諸国に先んじて、金本位制に踏み出していた。厳密に言えば、金地金の金本位制と若干ニュアンスは異なるが、国内的には小判を基準とする金貨金本位制の体系にあった。幕府は、海外との通商のため、万延元年（一八六〇年）、歪んだ通貨交換率の出口として、不本意ながら基準である小判の金の含有量を切り下げた万延小判を発行した。銀貨を定位補助通貨としながらも、欧米の外国為替水準にあわせるべく、結果的に変則ながら金銀複本位制に移行させせられたとも言える。当時の欧米諸国では、イギリスのみが、金本位制に移行しており、この点では、イギリスを除く各国は、幕府よりも遅れた金銀複本位制にあった。それにも拘わらず日本は、通商条約の締結に際して、通貨制度的に遅れていた米国を先頭に不利益な条件を受諾させせられてしまった。

徳川幕府が成立したしばらくのあいだ、国内的には政治空間も経済空間も米本位制の下で、一旦は安定を獲得した。しかし、西欧が産業革命を迎えつつあるなかで、徳川幕府の租税体系は、依然として領国ごとの年貢を中心とするシステムを基盤としており、国家としては、中央税を中心とする新しい租税制度を導入する必要に迫られていた。すでに萌芽として享保の時代から存在した商業への課税は、田沼時代に本格化したが、これらは体系的なものではなく、あくまで個別的・限定的なものであった。日本は、依然として課税体系としては、部分的に金納制もあったものの、基本的に米本位制の世界にとどまっていた。新しい本格的な税源に基づく体系の基盤を見出せないまま、通貨の発行差益に頼る財政政策は、銀貨を定位補助通貨とすることにより、金貨を基準にして、金・銀比価の問題を回避することにたどり着いた。しかしそこまでであった。

川井久敬の献策に基づき、田沼時代のまだ勝手掛若年寄であった水野忠友（のちに勝手掛老中）がおこなった南鐐二朱銀により始まった銀貨の定位補助貨幣化の流れは、勝手掛老中首座水野忠成の下で抜本的に本格化し、財政赤字も大幅に改善させ、世の中に好況経済をもたらした。この流れは、跡を継いだ同じく勝手掛老中首座の水野忠邦の一分銀や天保銭の新鋳、金貨・銀貨の改鋳にまで繋がっていった。大坂を中心とする「銀遣い」の空間は、「金遣い」の世界に通貨統合されてゆき、日本の貨幣史上の一つの時代を創出した。先進的な画期的な金本位制の貨幣空間が創出された。これは、はからずも水野一族の三人の勝手掛老中の手を経たものである。

そもそも幕府財政は、開府以来依然として米本位年貢制を基盤としていたため、経済発展の結果、次第に赤字体質へとなっていった。この解決にあたっては、まず第一に、金・銀の含有量を落とした貨幣改鋳による発行差益（出目）により建て直された。そのうえで金・銀の相場変動を避けるために、銀の重さで取引されていた丁銀・豆板銀という銀貨は、十六朱で一両とする金貨の補助通貨として変身していった。発行された通貨の九割方は、「金遣い」のシステムのもとに統合されてゆき、実質的に金本位制に移行していた。しかも余分な混乱を避けるため、一割程度の秤量通貨も残され、「銀遣い」の世界を完全に廃止することは避けていた。なかなかの配慮である。

水野忠成のあとを継いだ水野忠邦は、将軍そして大御所となった家斉の下で、ほぼ忠成の通貨政策を踏襲した。しかし発行差益のみに頼る財政運営はいつか行き詰まる。年貢を主たる基盤とする財政制度は、見直されねばならなかった。不幸なことに田沼意次――水野忠友政権時の「天明の飢饉」に続いて、同じく江戸三大飢饉の一つといわれる「天保の飢饉」が発生しており、幕府にとっても大きな負担となっていた。この全てのツケが水野忠邦の肩に課されたということになる。前任の水野忠成と将軍家斉は、良い時代を享受したとも言えよう。忠邦は、自分の権力欲を一時的に満たしたが、まさに真の政治家としての資質と直面せざるを得なかった。その後も新しい世界を乗り切るビジョンと実行力を備えた幕閣は出現しなかった。

江戸時代の社会的・制度的変化という視点で振り返ると、米を基盤とする体制は、開府期には、経済的に言えば、石高制と鉱山・通貨発行権の独占を基盤とするものであった。全国を支配する通貨発行権は、徳川幕府によってはじめて一元化されて実行された。

前述のように、ようやく「金遣い」に統一された貨幣空間は、日本の開国・通商の交渉の過程で不本意な形で決められてしまった歪んだ交換レートのせいで、実際の貿易は、輸出一辺倒にならざるを得なかった。初代外国奉行水野忠徳は、これを修復すべく働いたが、その修正措置は、「金遣い」システムの基本である金平価の切り下げに至り、直後からハイパー・インフレーションが日本の経済空間を襲った。庶民生活は混乱し、経済空間は、不安定なものに変質していった。

これら表面に現れた貨幣空間の裏には、大名貸をはじめとする信用の世界も存在していた。信用の世界は、多岐にわたっており、当時の全貌を捉えることは難しいが、藩の債務は膨大なものになっており、最終的に明治政府が肩代わることで決着した。大石慎三郎の『江戸時代』によれば、明治四年の廃藩置県の実施に際して、明治政府は、思い切った藩債の処分を行っている。すなわち明治政府は、天保十四年（一八四三年）以前の藩債、約千二百万両を切り捨て、天保十五年から明治五年に至るまでの二十五年の期間に対して、適格とされた藩債約二千四百万両という巨大な額を引き受けた。つまりその当時、合わせて少なくとも約三千六百万両の藩債が存在していたことになる。徳川幕府の財政規模が年二〜四百万両弱であったことを考えると、その十年分を上回る相当な規模であった。それまでしても藩債問題は、廃藩置県を実行するために避けて通れない問題であった。藩を解消するには、債務者として藩を残すわけにはいかなかったからである。これらの藩債のなかには、「銀遣い」のもの（銀目建て）も相当あったものと推察される。

日本の開国に際して、金銀複本位制をとるアメリカ人やフランス人には、日本の銀貨が歴史の中で形成されてきた先進的な金貨に対する補助通貨であることを理解しがたかったことは、やむを得ないことかも知れない。彼らの制度は、日本ほど進んではいなかったからである。おまけに通商交渉の際矢面に立った当時の幕閣には、正面からアメリカ代表ハリスに対し自信を持って説得出来る人材が現場から引き離されていたこともある。先に引用したように、オランダ人軍医ポンペのみが、この定位補助通貨の意味するところを驚くほど的確に正しく捉えていた。

対外的な通商交渉の結果、日本の貨幣空間は変容を余儀なくされ、経済空間も大きな不安定要因を抱えた。それは、一方において、変化する時代について行けない、行き詰まってゆく幕藩体制の崩壊の遠因をなすものであり、背景をなすものでもあった。経済の実態と社会のシステムとの大きな制度的な乖離は、直接的には、水戸徳川斉昭に始まった攘夷運動に呼応し、社会的な不満、不安は次第に拡散し、次々と幕府のガバナンスの綻びを顕在化させる政治空間の問題となっていった。徳川幕府は、欧米列強によるアジア進出の世界史的な新しい時代の流れに全く適応能力を欠いてしまっていた。

そもそも江戸開府期にあったような軍事力に対する配慮は、技術面を含め、体制の安全保障面から常に必要とされていたはずであった。欧米列強に対する警戒、情報の収集は不可欠であった。しかし平和な時代が目先の範囲を狭め、幕府官僚制の維持のみを考える安易な道を辿って、いざという時には、国内の治安すら及ばない状況に立ち至ってしまっていた。

連邦的であった外様大名は、次第に領国において自立した小経済空間を形成していった。そしてこれらの小経済空間は、物流の発達とその反対の流れである金本位制による統一された貨幣空間の成立に伴い、全国をカバーする広域経済空間が実体的にも形成されていった。天皇家をはじめ日本全体が鎖国政策の弾力的な見直しという面で保守的であった。開国に対する恐れは大きかった。政治空間におけるこの緩みは、当然経済空間に影響を与える。経済空間は、本来的に政治空間の安定を必要としている。二つの空間は、相互に不安定さを増しながら、欧米からつきつけられた国際化が進んでいった。そのなかで一国内に留まろうとするアウタルキー的世界の維持には無理があったと言わざるを得なかった。政治空間と経済空間との接点に立つ貨幣空間は混乱した。

先に述べたように幕末における金本位制から、外圧におされた結果、本位金貨の大幅な切り下げによる外国為替の調整をおこない、言ってみれば、金本位制のもとで、基準である金通貨の切り下げにより、経済空間にはハイパー・インフレーションという代償を社会全体に担わせた。この歪んで倒錯した金通貨の切り下げは、結果的に国際化のための代償であったのかも知れない。

国内の貨幣空間は、金本位制ながら実質的に金銀複本位制と同じ体系に後退した。一両は、四分、十六朱という金貨の補助通貨である銀貨の体系を保ちつつ、他方で金・銀比価の実勢を銀貨にも反映させるという二面性を備えたものであった。

この後退は、最終的に明治政府により明治元年に「銀目停止」の発令がなされることにより、まず、丁銀・豆板銀という秤量銀貨が廃止された。さらに明治四年（一八七一年）には、「新貨条令」が公布され、この二面性を有した江戸の金本位制は、両から円に、四進法から十進法に、一円金貨を基準とする金本位制へ仕切り直された。

振り返って見れば、「金遣い」、「銀遣い」の二つの世界に国内通貨が分断されていた場合と比べ、統一された貨幣空間の存在は、明治政府にとっても必ずしも無駄なものではなかったはずである。「銀遣い」と「金遣い」の二つの空間のまま、明治になって一挙に金本位制に切り替えることは、不可能であったと見られる。その影響は、関西・西国経済にとってのみならず、全国に及び、大きな混乱を呼び起こし、まだ基盤の弱かった明治政府に対しても負担は大き過ぎるものであったと思われる。

戊辰戦争、函館戦争などは、必要悪と見做され、苦い代償は払わされたものの、政治空間は、分断されずに何とか統一を保った。分裂の可能性を秘めていた経済空間は、貨幣空間の統合に支えられて、江戸時代の中央集権的連邦制という遺産の上に、一元的な中央集権体制の下に金本位制として近代化を歩むことになったのである。その際、ポンペがいみじくも看破しているように、銀貨の定位補助通貨化により、世界に先駆けて金本位制を成立させた功績は見落とされてはならない江戸時代の大きな遺産である。そしてこの制度構築を目立たないように、社会を刺激しないように進めてきた人たちを歴史のなかに埋もれたままにしておくことは、あまりにも惜しいことである。

おわりに

この本では、あまりなじみがない言葉として登場する「力の支配を中心とする政治空間」と「売買の損得が支配する経済空間」という二つの世界を前提にしています。そのうえで、中世から近世へと経済発展するのに伴い、「両方の空間を繋ぐ貨幣空間」が次第に重要さを増していきました。貨幣空間に視点を置いて、徳川幕府開府期の米本位制の社会から金本位制の社会へ変化していく過程の一面を扱ってみました。

しかしながら幕府は、最後まで米本位制に基づく年貢米制度を変えることは出来ませんでした。せっかく世の中への刺激を避け目立たないようにして作り上げられた日本の金本位制は、幕末の開国・国際化に際して歪められ、生かすことが出来ませんでした。その結果、かえって尊王攘夷運動を刺激することにもなってしまいました。

これは、私が専門とする政治空間と経済空間の二つの空間のあいだに、その範囲のずれ・違いから生まれる緊張が問題を発生させるという考えによるものです。この二つの空間のなかで貨幣空間は、通貨の発行権という形で政治空間に接するとともに、経済活動の活発化・発展により決済手段、貸借手段、貯蓄手段として経済空間を支えるものです。社会が発展するにつれて、政治空間と経済空間の両者にまたがって貨幣空間も成長していきます。そしてそこにも歴史的な変化が生まれ、また二つの空間からの刺激を受けていきます。

江戸時代という政治空間と経済空間に挟まれた貨幣空間は、水野家の三人の勝手掛老中（首座）により社会的な混乱を引き起こさないように、目立たないように、関西の「銀遣い」の世界から「金遣い」、つまり小判の体系に統一されていきました。大英帝国とならんで江戸時代は、世界で初めての金本位制に実質的になっていました。そもそもは、田沼時代の勘定奉行川井久敬のアイディアに始まるものでした。

しかしこうして達成された日本の金本位制は、開国によって欧米の遅れた金銀複本位制の社会へ引きずりおろされてしまいます。英国と並ぶ金本位制という最先端のシステムにも拘わらず、後退させられたということです。

振り返って見れば、米本位制社会から金本位制へと発展し、着地出来ればスマートだったのですが、米年貢制という根本にある租税体系の変更は、徳川幕府の体制の根幹に触れるものであり、体制そのものの変革を必要としていました。幕府にとって米本位制は、それほど強く基盤として存在していました。その変革は、明治政府によって、銀目廃止令と金納制によってようやく実現されました。幕府のそれまで積み上げてきた遺産の上に立ち戻り、新しい時代が開拓されていきます。貨幣空間自体は、米本位制から脱却することが出来ました。また米経済は、高度経済成長によりそのウェイトを落としていきます。しかし米制度自体は、国の食糧問題と形を変えて依然として国民生活の基盤として、むしろ政治空間において安全保障上の問題として、現在でも引き継がれています。それは、自国内で自給できる能力を持つ米国と中国を除き、中小国家群の欧州や英国やそのほかの多くの国でも同様です。

米本位制の呪縛から上手く逃れられないという政治空間での問題はあるにせよ、貨幣空間、経済空間において、世界に先駆けた大坂堂島の米先物取引制度とならんで、金本位制度が江戸時代にすでに形成されていたことも、もっと認知されて良いのではないかと考えます。

引用・参考文献

岩橋勝：「徳川時代の貨幣数量」梅村又次／新保博／西川俊作／速水融編『数量経済史論集Ⅰ　日本経済の発展』1976、日本経済新聞社
大石慎三郎：『江戸時代』1977、中央公論新社
大石慎三郎：『将軍と側用人の政治』1995、講談社
大石慎三郎：『田沼意次の時代』1991、岩波書店
荻生徂徠：尾藤正英抄訳『荻生徂徠「政談」』2013、講談社
北島正元：『日本の歴史第18巻　幕藩制の苦悶』1974、中央公論新社
北島正元：『体系日本史叢書2　政治史Ⅱ』1965、山川出版社
ケンプェル、エンゲルベルト著：「鎖国論」呉秀三訳注『ケンプェル江戸参府紀行　下巻』1966、雄松堂書店
幸田成友：『江戸と大阪』1934、冨山房
佐藤雅美：『十五万両の代償――十一代将軍家斉の生涯』2010、講談社
新保博：『近世の物価と経済発展―前工業化社会への数量的接近―』1978、東洋

経済新報社
新保博／斎藤修編集：『日本経済史2　近代成長の胎動』1989、岩波書店
末中哲夫：『山片蟠桃の研究「夢之代」編』1971、清文堂
田谷博吉：『近世銀座の研究』1963、吉川弘文館
宮本又郎：「物価とマクロ経済の変動」新保博／斎藤修編『日本経済史2　近代成長の胎動』1989、岩波書店
深谷克己：『田沼意次――「商業革命」と江戸城政治家』2010、山川出版社
林玲子：「近世中後期の商業」豊田武／児玉幸多編『体系日本史叢書13　流通史Ⅰ』1969、山川出版社
藤田覚：『勘定奉行の江戸時代』2018、筑摩書房
松好貞夫：『日本両替金融史論』1932、文藝春秋社
フィヒテ、ヨハン・ゴットリーブ著：出口勇蔵訳『封鎖商業国家論』1938、弘文堂書房
ポンペ、ファン・メーデルフェルト著：沼田次郎／荒瀬進共訳『ポンペ日本滞在見聞記―日本における五年間―』1968、雄松堂書店
山口啓二：『鎖国と開国』日本歴史叢書、1993、岩波書店
和辻哲郎：『鎖国』1950、岩波書店

参考文献

安中市史刊行委員会：『安中市史　第二巻　通史編』『安中市史　第五巻　近世資料編』２００２、２００３、安中市
梅村又次／新保博／西川俊作／速水融編：『数量経済史論集1　日本経済の発展』１９７６、日本経済新聞社
岡崎市市立図書館：『岡崎市史第貳巻』１９２６、岡崎市役所
大口勇次郎：「幕府の財政」新保博／斎藤修編『近代成長の胎動』１９８９、岩波書店
大佛次郎：『天皇の世紀』１９７７、朝日新聞社
唐津市史編纂委員会：『唐津市史』１９６２、唐津市
木内昇：『万波を翔る』２０１９、日本経済新聞社
北島正元：『水野忠邦』１９６９、吉川弘文館
クナップ、ゲオルク・フリードリッヒ著：宮田喜代藏訳『貨幣国定学説』１９２２、岩波書店
古島敏雄／安藤良雄編：『体系日本史叢書14　流通史Ⅱ』１９７５、山川出版社

児玉幸多編：『体系日本史叢書11　産業史Ⅱ』１９６４、山川出版社
作道洋太郎：「幕藩体制と通貨問題」豊田武／児玉幸多編『体系日本史叢書13　流通史Ⅰ』１９６９、山川出版社
佐藤雅美：『主殿の税　田沼意次の経済改革』１９９１、講談社
佐藤雅美：『大君の通貨』２００３、文藝春秋
佐藤雅美：『将軍たちの金庫番』２００８、新潮社
訊洋子：『三王外史』
静岡県：『静岡県史　資料編九　近世一』１９９２、静岡県
真珠院元住職石井道彦：『譜代大名水野家の物語』２００４、真珠院（非売品）
高木久史：『通貨の日本史　無文銀銭、富本銭から電子マネーまで』２０１６、中央公論新社
高槻泰郎：『大坂堂島米市場　江戸幕府vs市場経済』２０１８、講談社
竹内誠：「近世前期の商業」豊田武／児玉幸多編『体系日本史叢書13　流通史Ⅰ』１９６９、山川出版社
武部善人：『人物叢書　太宰春台』１９９７、吉川弘文館
チューネン、ヨハン・ハインリッヒ・フォン著：近藤康男／熊代幸雄訳『チューネン

孤立国』１９８９、日本経済評論社
辻善之助：『田沼時代』１９８０、岩波書店
戸田純蔵：『徳川家康の生母　於大の方の一生』１９７３、伝通院於大の方顕彰会
豊橋市史編集委員会：『豊橋市史　第二巻』１９７５、豊橋市
沼津市立駿河図書館：『御代々略記』（早稲田大学図書館所蔵）１９９１、沼津市立駿河図書館
浜松市役所：『浜松市史　二』１９７１、浜松市役所
浜島書店編集：『新詳日本史図説』１９９５、浜島書店
平野日出雄：「沼津藩水野家の先祖と藩主」『寛政六年弘化三年御書上系譜・弘化譜書継―沼津藩水野家系譜―』（早稲田大学図書館所蔵）１９９２、沼津市立駿河図書館
福山市史編纂委員会：『福山市史　中巻』１９６８、福山市史編纂会
藤田覚：『勘定奉行の江戸時代』２０１８、筑摩書房
福留真紀：『名門水野家の復活　御曹司と婿養子が紡いだ１００年』２０１８、新潮社
松本市：『松本市史　第二巻　歴史編Ⅱ（近世）』１９９５、松本市
三上隆三：『江戸の貨幣物語』１９９６、東洋経済新報社

三橋時雄：「近世前期の農業」児玉幸多編『体系日本史叢書11　産業史Ⅱ』１９６４、山川出版社
水野忠尚：『作家が描いた水野家の江戸時代』２０１９、幻冬舎
水野忠尚：『プレデール立地論と地政学――経済のグローバル化と国家の限界』２０１８、早稲田大学出版部
宮本又郎／鹿野嘉昭：「徳川幣制の成立と東アジア国際関係（神木哲男博士記念号）」『国民経済雑誌』１９９９、１７９（３）：１－20
村井淳志：『勘定奉行荻原重秀の生涯――新井白石が嫉妬した天才経済官僚』２００７、集英社
村上隆：『金・銀・銅の日本史』２００７、岩波書店
結城市史編さん委員会：『結城市史　第五巻』１９８３、結城市

水野　忠尚（みずの　ただひさ）

1946年生まれ。1970年一橋大学経済学部卒業。1970年から2001年まで日本興業銀行勤務。この間1973～1975年ドイツ・ハンブルク大学行費留学。以後DIAM監査役など歴任。2016年早稲田大学大学院博士課程卒業。経済学博士（ドイツ経済思想）。

【著書】
『プレデール立地論と地政学 ── 経済のグローバル化と国家の限界』（早稲田大学エウプラクシス叢書）
『作家が描いた水野家の江戸時代』（幻冬舎ルネッサンス新書）

【共訳書】
ジャコモ・コルネオ『よりよき世界へ ── 資本主義に代わりうる経済システムをめぐる旅』（岩波書店）

江戸の金本位制と水野家の幕閣たち

2020年9月16日　初版第1刷発行

著　　者　水野忠尚
発 行 者　中田典昭
発 行 所　東京図書出版
発行発売　株式会社 リフレ出版
〒113-0021　東京都文京区本駒込 3-10-4
電話（03）3823-9171　FAX 0120-41-8080
印　　刷　株式会社 ブレイン

ISBN978-4-86641-347-1 C0033
Printed in Japan 2020